D'OÙ VIENT-ON ?

OÙ EN EST-ON ? OÙ VA-T-ON ?

Langres, imp. E. L'huillier.

D'OU VIENT-ON?

OU EN EST-ON? OU VA-T-ON?

LES HOMMES ET LES CHOSES

Sine irâ et studio.
TACITE.

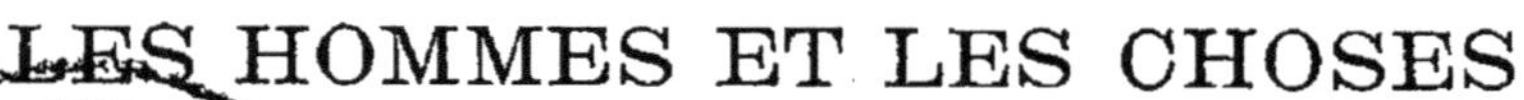

LETTRES AU MESSAGER DE LA HAUTE-MARNE

1re SÉRIE

LANGRES

IMPRIMERIE DE E. L'HUILLIER

1868

A M. le Rédacteur du *Messager de la Hte-Marne.*

Monsieur,

Le passé est jugé diversement, le présent nous appartient à peine, et les problèmes de l'avenir s'accumulent. On se demande plus que jamais : *D'où vient-t-on ? Où en est-on ? Où va t-on ?* Je me le demande comme tout le monde, à mes heures.

On remue tant de questions que la première à résoudre est celle d'un cadre où elles puissent être embrassées et coordonnées, Je vous donne ci-après celui que j'ai conçu à mon usage et dans lequel je me propose de passer en revue toutes les classes et tous les grands intérêts de la société. Ce cadre n'est autre chose que l'indication des sujets divers auxquels se rapporteront mes critiques et mes appréciations.

Cela peut s'appeler encore un programme ; et vous savez qu'il est plus facile de faire des programmes que de les remplir. Il en est ainsi, dès à présent, de celui que je me suis tracé. Le peu de temps dont je puis, chaque année, disposer librement, ne me permet de vous offrir aujourd'hui qu'une partie de mon travail. Vous verrez s'il vous est possible de publier ce commencement, par articles, en attendant la fin.

Recevez, monsieur, l'assurance de mes meilleurs sentiments.

Votre dévoué compatriote,

ATHANASE RENARD, ancien député.

15 février 1868.

1

D'OU VIENT-ON?

OU EN EST-ON? OU VA-T-ON?

89.

Notre état social ancien se composait du clergé, de la noblesse et de la bourgeoisie ou du tiers état, qui constituaient ce qu'on appelait *les trois ordres* avant 89, et du peuple proprement dit, primitivement *serf,* attaché au patronage, pour ne pas dire à *la glèbe* du régime féodal ou seigneurial, et successivement affranchi plus ou moins, jusqu'à l'époque où l'égalité de tous les citoyens devant la loi qui s'établissait de plus en plus dans les mœurs ét dans les faits, a été définitivement conquise et proclamée.

La prépondérance effective du tiers-état, bien que longtemps inaperçue, s'était développée si rapidement qu'il possédait, en 89, les cinq huitièmes de la propriété foncière, sans compter les valeurs commerciales qu'il avait toutes dans ses mains.

« On ne risquerait pas de se tromper, dit Rabaut St-Etienne, en portant à un milliard le produit réel des propriétés foncières; pour plus de certitude, nous le réduirons à 800 millions, dont 200 millions possédés par la noblesse, au delà de 110 millions par le clergé, et le surplus par le tiers état. » Soit 500 millions. Ajoutons que, du propre aveu de Sièyes, le tiers-état était en possession des dix-neuf vingtièmes des places avant 89.

Sièyes avait posé les questions suivantes, à l'ouverture des États Généraux, dans une brochure qui a, pour ainsi dire, inauguré la révolution : — *Qu'est-ce que le Tiers-État ? Tout.* — *Qu'a-t-il été jusqu'à présent dans l'ordre politique ? Rien.* — *Que demande-t-il ? Devenir quelque chose.* — Autant de propositions excessives et fausses par cela même. Le tiers-état, quoique déjà prépondérant, non sans raison, n'était pas légitimement *tout*, puisqu'indépendamment du peuple, proprement dit, dans lequel il se recrutait, il existait à côté de lui deux ordres avoués par la nation elle-même. Il n'était pas *rien*, non plus, *dans l'ordre politique*, attendu qu'il avait déjà fait son entrée dans les États Généraux, sous Philippe-le-Bel, et que, dès le temps du roi Jean, son rôle n'y avait pas été moins considérable et moins factieux qu'il devait l'être sous Louis XVI. Quant à *devenir quelque chose*, il est évident que cela n'était alors en question dans l'esprit de personne ; et la suite a prouvé, en effet, surabondamment, que ses orateurs entendaient bien le mettre à la place de *tout*.

Sièyes ne faisait donc ici que ce qu'on appelle *enfoncer une porte ouverte*, à la suite de Louis XVI, et le savait mieux que personne. Son écrit ne lui assurait, au surplus, qu'une popularité facile et qui ne devait pas durer. Mirabeau s'est laissé aller tout d'abord au même courant qu'il a essayé de remonter plus tard ; il est mort assez à temps pour ne pas y laisser sa tête ; et Sièyes, plus heureux, suivant le monde, a gagné au même jeu un siége au Sénat *conservateur* et de riches dotations, ce qui résume à peu près l'histoire de tous les hommes de la révolution que l'échafaud n'a pas moissonnés. Voilà ce que tout le monde finira par comprendre, aussitôt que l'histoire de cette révolution aura cessé d'être un roman (1). Je sais que cette histoire *au vrai* commence à se faire (2), et je conseille à ceux qui la continueront de la confronter avec celle des Etats Généraux du roi Jean. Soit dit en passant, comme correctif à la myopie de l'esprit soi-disant *moderne* et à l'aveuglement

---

(1). Sans en excepter celle de M. Thiers qui n'est autre chose qu'une apologie déguisée du fanatisme révolutionnaire, au nom d'une prétendue nécessité. Quant aux *Girondins* de M. de Lamartine, on sait qu'il a eu la loyauté d'en faire lui-même justice, et que M. Alfred Nettement s'en était chargé longtemps avant lui.

(2). Parmi ceux qui s'y appliquent, je citerai notamment M. Granier de Cassagnac, auteur d'une *Histoire des causes de la révolution,* de celles *des Girondins* et *du Directoire,* excellents matériaux, M. Mortimer-Ternaux, qui a entrepris l'*histoire de la terreur,* et enfin, M. de Beauchesme, qui nous a donné celle de *la Captivité de Louis XVII,* œuvre achevée. J'entends dire aussi que les archives des tribunaux révolutionnaires sont dépouillées dans tous les départements.

de ceux qui ne voient rien dans le passé de la France, avant 89.

Et si *les délicats* d'aujourd'hui, les survivants du régime parlementaire élucubré par M. Duvergier de Hauranne, à l'usage des *bons bourgeois* de notre temps, n'aiment pas ces comparaisons empruntées à des hommes et à des temps trop virils et trop logiques pour eux, je puis les renvoyer à des temps plus doux, c'est à-dire aux Etats Généraux tenus sous la minorité de Charles VIII. Ils y verront que les assemblées de ces Etats valaient bien celles qu'ils ont voulu faire à leur image, et que, pour avoir été plus respectueuses envers la royauté mineure qu'ils ne l'étaient pour celle de Louis-Philippe, elles n'en portaient pas moins très-haut le sentiment des droits de la nation.

Ces Etats, il est vrai, n'ont imaginé rien de semblable à ces fameux *banquets* dont la révolution de 1848 a été le couronnement : non ; mais la France n'y a rien perdu, que je sache, et la royauté a pu continuer l'œuvre qui lui était dévolue.

Un critique bienveillant qui m'a trouvé cependant trop sévère dans les jugements que j'ai portés sur Etienne Marcel (1), aime à croire, à la décharge de celui ci,

---

(1). FRANC-GAULOISES, *Complément nécessaire*, aux pages indiquées dans la *table des noms cités*, qui comprend celui de Marcel.

qu'il avait vu, dans Charles de Navarre, *une branche collatérale* à opposer, pour le bonheur de la France, à *l'incorrigible dynastie régnante, et qui eût accepté, comme nos pères en 1830, une royauté tempérée par une sorte de gouvernement constitutionnel.* On ne saurait mieux flatter, je le reconnais, la vanité des Parisiens qui, après avoir éconduit Charles X en 1830, ont mis Louis-Philippe à la porte en 1848 (1), et nous ont amené la révolution que vous savez, le tout pour le plaisir *de donner des leçons au gouvernement!* Cela ne me paraît pas sérieux. Mon critique me comprendra. Si je me moque un peu, ce n'est pas de lui, mais de l'école historique moderne, dite modestement *critique,* à laquelle il s'est rendu ici pieds et poings liés. Triste école !

Oh ! oui ! bien triste, en effet, car elle en est arrivée déjà, par une pente fatale, à la réhabilitation de Robespierre et de Marat lui-même, à la suite de Marcel et du complice de ses trahisons, Charles de Navarre, à si bon droit surnommé *le Mauvais.*

Croit-on de bonne foi qu'au temps de Charles V, il y avait moins à compter sur *la sagesse* de ce roi que sur les hasards d'un prétendu *gouvernement constitution-*

---

(1) J'ai fait mes réserves ailleurs sur les fautes qui peuvent être imputées au gouvernement de la Restauration et à celui de Louis-Philippe. — Franc-Gauloises, pages 106, 107 et 116.

nel inauguré par Marcel au profit de Charles de Navarre et des Anglais qui, pressés déjà sous les murs de Paris, n'attendaient que le coup de cordon convenu pour y entrer ? L'école historico-critico moderne a rêvé cela, entre deux cigares : elle a pu le dire ; mais elle ne le croit pas sérieusement.

Le gouvernement représentatif ou plutôt *la monarchie représentative,* afin de lui conserver son vrai nom (1), a ses origines et ses grands linéaments dans les premiers temps de notre histoire ; et la France y tiendra ; mais nous voyons aussi que, depuis 89, elle n'en a pas compris les conditions véritables, et que, pour y avoir mêlé de faux ingrédiens, notamment ceux des clubs et d'une presse effrenée, pour avoir aussi beaucoup trop écouté les casuistes du parlementarisme à *l'anglaise* (2), elle en a, jusqu'à présent, joué très-mal, et toujours à ses dépens.

Laissons la vieille France à ses rois qui, malgré leurs fautes et leurs faiblesses, ont trouvé en eux-mêmes et dans la force de leur institution, de quoi nous sauver des Anglais, dans une guerre de cent ans, désarmer la Ligue, écarter la Fronde, étendre nos fron-

---

(1) FRANC-GAULOISES, tome 1, page 115.

(2) Cette tendance à l'imitation des formes du gouvernement anglais, date de la première convocation des notables en 1787. Elle était même, dès cette époque, traitée de *manie* par le baron de Bezenval.

tières, élever nos places fortes et fonder nos arsenaux, creuser nos ports, assurer le développement de nos relations maritimes et commerciales, et consommer l'œuvre de notre grande unité territoriale.

Je reconnais parfaitement que le régime qui s'était perpétué depuis la fin du règne de Louis XIV était mauvais, que le règne de Louis XV avait mis le comble aux abus de ce régime, et que le temps était venu d'y remédier sérieusement ; mais il est au moins bien établi que Louis XVI avait compris cette nécessité. Ce qui manquait encore à la France composée de provinces qui avaient conservé leurs anciennes coutumes et qui formaient comme autant de gouvernements différents, c'étaient l'unité politique et administrative et l'égalité qui devait en résulter dans la répartition des charges publiques entre toutes les classes de citoyens. La convocation des notables a été le premier acte de cette grande entreprise que Louis XVI avait conçue, et dans l'accomplissement de laquelle il a rencontré l'opposition des parlements, de la noblesse et du haut clergé qui ont soulevé contre lui, non seulement le tiers-état, mais le peuple lui-même, au profit desquels ces grandes réformes étaient poursuivies. Tel était, en effet, l'état des esprits, quand Louis XVI, après avoir épuisé vainement tous les moyens de conciliation, crut trouver un appui dans les États-Généraux et en ordonna la convocation.

Quelle a été cependant, vis à vis de lui, la conduite des assemblées qui ont succédé à cette convocation ? La réponse est dans les faits. Les écrivains de la Révolution, ne pouvant les détruire, ont essayé de les défigurer ; mais quels sont ces écrivains ? Des avocats du ci-devant tiers état, juges et parties ; la plupart hommes de collège ; et c'est ainsi que l'histoire est tombée dans le domaine de la plaidoirie pédagogique, *ad usum Delphini*, c'est-à-dire à l'usage des enfants de la bourgeoisie, devenus *Dauphins*.

Cette brave bourgeoisie qui se croit tout, par la seule raison qu'elle l'a entendu dire, et qui tient à défendre ses prétentions jusqu'au bout, qui lit même, à cette fin, le *Journal des Débats,* s'est guindée à la hauteur des gens de cour et même des rois *philosophes* du dernier siècle, assez bons princes pour admettre dans leur intimité les beaux esprits qui les démolissaient ; mais elle est *bonne princesse* aussi ; et malgré les dures leçons qu'elle a déjà reçues, sa vanité n'en démord pas. La vérité l'offusque ; et c'est pourquoi tant d'*officieux* trouvent leur compte à lui fabriquer des histoires de fantaisie faites à son image et à sa commodité. Nous ne venons pas grossir sa cour et lui parler la langue de ceux qui exploitent ses faiblesses et sa crédulité ; nous sommes resté peuple, et nous risquons beaucoup le sort de *Nicole* près du bon monsieur *Jourdain* de notre temps, bien que cet écrit lui soit dédié ; mais nous nous y résignons complètement.

Retenons ici la véritable signification de 89, et disons bien haut qu'à cette date qui était grosse de 93, il s'est trouvé des esprits vains, des ambitieux mal instruits, de purs idéologues, entièrement dépourvus d'expérience pratique, et des spéculateurs de popularité qui ont entrepris violemment et sous les formes les plus hostiles au principe même de la royauté, ce que cette royauté voulait faire paternellement ; mais Louis XVI était bon, pour ne pas dire faible, et n'a pu nous donner que son sang.

Le programme de 89 a été le dernier mot de cette monarchie qui devait laisser à la France un roi martyr ; et si j'en marque ici la fin, bien qu'elle nous ait encore donné deux rois, c'est que la Charte, vaincue en 1830, n'a été qu'un des enfants perdus de ce programme tant de fois déchiré et transformé. Perfectionnons ce qui nous en reste, et ne cessons pas d'y chercher le salut du pays.

La royauté, sans doute, a rencontré, dans le long travail de conciliation qu'elle a tenté, d'éminents esprits, des serviteurs dévoués qui l'ont fidèlement soutenue dans ses tendances à des réformes nécessaires. Honneur à eux ! Mais séparons-les des hommes de révolution qui n'ont laissé que du sang, des ruines et de la poussière, après s'être eux-mêmes décimés. Temps néfaste, où les meilleurs esprits eux-mêmes subissaient par faiblesse et par entraînement les plus regrettables

complicités. Ceux de ces fiers républicains, qui ont survécu, sont devenus ducs ou comtes ou barons d'Empire; et c'est à peine s'il en est resté quelques boudeurs
impuissants, trop heureux de se rallier plus tard à la
quasi légitimité de la branche cadette qu'ils appelaient
eux-mêmes la *meilleure des républiques :* je le veux
bien; mais s'il en devait être ainsi, pourquoi tant de
sang? Que cette grande leçon ne soit pas perdue ; et si
nous devons continuer d'être vains, commençons par
prendre la bonne résolution de n'immoler personne à
nos idées.

La royauté qui, par la nature de son institution,
tendait à la centralisation et à l'unité, s'est dégagée
lentement du régime féodal ; et ce régime lui-même a
fait son œuvre, à côté d'elle. A nous maintenant de
faire la nôtre !

Etudions notre histoire à ces différents points de vue
qui sont les vrais, pour en tirer les enseignements
qu'elle comporte, et respectons nous dans notre passé
qui est la préface de notre avenir. Il importait d'en ré-
tablir ici les grandes lignes, avant d'aller plus loin.

La noblesse d'hier et celle d'aujourd'hui.

—

Notre ancienne société, telle qu'elle était constituée avant 89, a cessé d'exister dans nos lois, c'est-à dire qu'elle a été ramenée à une sorte d'unité par l'abolition des priviléges qui la divisaient; mais elle n'a disparu entièrement ni dans les faits, ni dans les mœurs; et nous la retrouvons encore à peu près la même au fond de tout ce que nous voyons aujourd'hui.

Bien des mots sont tombés en désuétude ou n'ont plus qu'une valeur archaïque. Les anciennes provinces ont fait place aux départements; mais elles vivent encore dans la langue et dans l'esprit des populations. La paroisse, un moment chassée de la commune, a repris peu à peu sa place au milieu d'elle, et les clochers sont encore debout. Le trône a été renversé dans le sang; mais il a été relevé. Tous les piédestaux dont la révolution avait fait litière ont été redressés. Les trois ordres sont abolis; l'Eglise a été dépouillée de ses biens; mais elle a conservé sa hiérarchie et ses traditions. La noblesse et la bourgeoisie elle-même, n'ont plus d'existence propre, indépendante et limitée; mais nous avons encore des nobles et des bourgeois, des nobles de vieille souche et des bourgeois annoblis qui se pavanent de la particule. Il n'est même pas sans exemple qu'elle soit usurpée quelquefois, ce qui n'est pas aujourd'hui sans inconvénients, grâce à la plus grande sévérité du gouvernement qui prend au sérieux notre état-civil.

La fusion des classes tendait à s'opérer, même avant la révolution, sous la pression des intérêts qui s'y trouvaient engagés, soit du côté de la royauté qui, souvent battue en brèche par les grands corps de l'Etat, cherchait un appui dans le gros de la nation, soit par la détresse des gentilshommes dont les désordres avaient amené la ruine, et qui, dans le langage du temps, finissaient par *s'encanailler*, soit par la vanité des bourgeois enrichis qui jouaient *au grand seigneur*, et qui, sous les noms décriés de *traitants*, de *parvenus*, n'en faisaient que mieux leur chemin. De là, tant de ridicules et de compromis qui, depuis plus de deux siècles, ont défrayé la verve de nos comiques, et qui nous ont valu le *Bourgeois gentilhomme* de Molière, après *George Dandin*, les petits marquis de Regnard, le *Turcaret* de Lesage, et le *Mariage de Figaro* de ce bruyant parvenu qui s'appelait Caron, mais qui s'est nommé de Beaumarchais.

Ajoutons-y la pléïade des dramaturges où nous retrouvons ce même Caron, dans laquelle aussi nous devons compter Voltaire, pour son drame de *Nanine*, Laharpe, auteur de *Mélanie*, Diderot, La Chaussée,

Mercier, Sedaine, etc., qui tous, et comme à l'envi, se sont mis à toucher toutes les cordes de la *sensiblerie*, pour amener la fusion du gentilhomme et du roturier, sur le terrain plat de la comédie nommée par eux *bourgeoise* ou *larmoyante*.

Il y avait là, nous devons le reconnaître, une préparation des plus efficaces à la haute comédie de l'auto-dafé des titres de noblesse, en pleine assemblée des Etats, comédie qui ne devait guère plus durer que celles du *Serment du Jeu de Paume* où Marat lui-même n'avait vu qu'une pantalonnade, et du fameux *baiser Lamourette*. On pleurait beaucoup dans ce temps là qui devait bientôt faire couler tant de ruisseaux de sang!

Il est sans doute aussi facile d'apothéoser ces choses-là pour les besoins du moment que de les mettre en caricature. Essayons d'aller au fond. Nous nous rappelons l'*homo sum* de Térence, et nous aimons mieux respecter le cœur humain jusques dans les surprises les plus béates auxquelles il est sujet, que nous en moquer.

Ces épanchements n'ont été que l'expression d'un sentiment vrai, mais excessif et mal entendu dans sa manifestation. La suite ne l'a que trop prouvé. La seule vérité qui en soit sortie, c'est que, depuis le plus petit jusqu'au plus grand, nous devons tous être égaux devant la loi, comme nous le sommes devant Dieu : rien de plus, car il y aura toujours, entre les hommes, une grande variété comme une grande inégalité d'aptitudes; et c'est encore une loi de Dieu que la révolution n'a pas réformée.

La noblesse et le tiers-état s'avilissaient donc et se trompaient, l'une, en abdiquant ses titres, et l'autre, en applaudissant à cette lâcheté. Autant il est ridicule et vain de se donner des noms et des titres auxquels on n'a pas droit, autant il est bas de renier ceux qu'on a, ceux qu'on tient de ses ancêtres et des engagements de sa vie. L'honneur des familles est lié à ces traditions, comme celui des personnes.

Les néo-républicains, c'est-à-dire ceux que nous avons vus à l'œuvre en 1848, et qui affichaient un si superbe dédain pour ce qu'ils appelaient des *hochets,* sont-ils assez sûrs d'eux-mêmes et des leurs pour affirmer qu'on les trouverait inaccessibles à toute espèce de distinction? Non. Ce ne serait tout au plus pour eux qu'une question de forme, et nous savons d'ailleurs à quoi nous en tenir sur le puritanisme de leurs devanciers.

Les noms et les titres de l'ancienne noblesse appartiennent à notre histoire nationale, aussi bien que les noms et qualités des enfants du peuple et du tiers état qui en ont illustré les pages. Les gouvernements qui ont succédé à la révolution l'ont compris La république de 1848 avait essayé de supprimer, dans les actes de l'administration, jusqu'au titre de *monsieur* qui était remplacé par celui de *citoyen ;* mais cet enfantillage n'a pas duré. Cette *honnête* république elle-même avait fini par en être embarrassée ; et c'est à peine s'il y a eu alors un peu d'interruption dans les usages établis.

Les descendants de la noblesse ont perdus leur privi-léges et en ont fait leur deuil ; mais ils ont pu continuer de porter leurs titres et de garder leurs noms. Voyez combien nous sommes bons ! De nouveaux titres et de nouveaux noms peuvent même être accordés. Ces tra-ditions portent-elles atteinte au principe de l'égalité ? Non, puisqu'elles sont écrites dans la loi qui est la même pour tous et qui a dû seulement les réglemen-ter. Si des prétentions ridicules se produisent, et si le gouvernement les accueille, il est permis d'en rire, et la société n'en sera que plus gaie. Cela se paie d'ail-leurs ; et je conseille fort à mes consorts de la roture, et même, si je puis me le permettre, aux puritains de la bourgeoisie, de ne pas s'en affliger plus que moi.

Les questions qui touchent au principe de la no-blesse ont perdu, comme on le voit, toute leur ancienne importance. Il n'en est pas de même de la bourgeoisie ou du ci-devant tiers-état qui a voulu se mettre à la place de *tout,* quand il s'appelait encore un *ordre,* et dont les doctrinaires du dernier règne ont essayé de reconstituer les débris sous le nom de *classes moyen-nes.* Abus de mots ! Les classes moyennes peuvent être considérées comme un *fait,* mais ne peuvent l'être

comme un *principe*. Il n'y a ici que les très-mobiles va-
riétés d'un seul et même corps, qui est la nation. Tâ-
chons de nous entendre là dessus.

Peuple et Bourgeois.

—

La bourgeoisie paraît assez difficile à définir, et nous ne pouvons guère, à première vue, nous la représenter aujourd'hui que sous la forme d'un *habit noir :* encore s'y trompe-t-on.

Le bourgeois s'entend, je crois, de tout citoyen, propriétaire ou rentier, industriel, ouvrier-maître ou chef d'atelier, commerçant, savant, littérateur ou artiste, fonctionnaire ou agent des différents services publics, à un titre quelconque, ou retraité en cette qualité, dans certaines conditions d'aisance, jusqu'à la limite indécise où nous rencontrons les paysans proprements dits, laboureurs ou vignerons, cultivant eux-mêmes leurs propriétés, les artisans adonnés à toutes les espèces de métiers, les retraités des petits emplois, les petits rentiers des caisses d'épargne, et enfin, les domestiques et les journaliers. Je ne classe pas les philosophes ; il y en a partout.

La qualité de bourgeois réunit ainsi, comme on le voit, des citoyens d'habitudes et de conditions bien différentes. Elle est encore un signe de patronage ; et l'ouvrier traite volontiers de bourgeois celui qui le fait travailler.

La limite qui sépare la bourgeoisie du peuple est évidemment très-indéterminée, variable et sujette à toutes sortes de vicissitudes, et le terrain sur lequel on essaierait de la tracer n'est qu'un sable mouvant ; mais fût-elle même difficile à franchir, il y aurait injustice à ne mettre d'un côté, comme une certaine école le fait, que des *exploitants* et de l'autre des *exploités*. Le bourgeois n'est pas nécessairement riche ou seulement aisé ; il est souvent gêné, endetté, quelquefois même ruiné. Qui oserait dire, par exemple, que tel ouvrier d'aujourd'hui n'est pas souvent plus à l'aise et plus assuré du lendemain que certains bourgeois qui le font travailler ? On ne peut, dans tous les cas, voir ici qu'un échange de services et une occasion de rapprochement. La société n'a pas d'autre base et n'a sa raison d'être que dans la nécessité, l'agrément ou l'utilité des relations qui s'établissent dans tous ses rangs.

Le bourgeois de la grande ou moyenne propriété touche à la petite ou au paysan qui la représente, et se rapproche du journalier dont il a besoin. Les industriels et les commerçants sont en rapport continuel avec les ouvriers et commis qu'ils emploient, de même que les maîtres avec leurs domestiques ; et cette communauté d'intérêts, cette réciprocité d'engagements doivent tendre à resserrer leur union plutôt qu'à les diviser. Il ne peut y avoir ici que des torts de conduite ou des malentendus. Ceux qui tiennent à envenimer les torts et à *féconder les malentendus,* sont très à la mode aujourd'hui : nous les rencontrerons.

La propriété, le commerce et l'industrie sont à nos yeux tout ce qu'il y a de plus mêlé de peuple et de bourgeois, dans la meilleure acception qui puisse être attachée à ces deux mots. Ces trois éléments qui représentent le nombre ou ce qu'on appelle souvent *les masses,* et qui répondent à la plus grande somme des besoins journaliers, constituent, si je puis m'exprimer ainsi, dans ma langue de médecin, *la vie. organique* de la nation. Ne la troublons pas.

Le clergé et l'armée sont deux grands corps également recrutés dans le peuple et dans la bourgeoisie. Le peuple y devient prêtre ou soldat, de tous les grades, et peut même y parvenir aux plus hautes dignités. Ce n'est pas *à la révolution* seulement qu'il est redevable de ces facilités. Saint-Simon qui se plaignait déjà des complaisances de Louis XIV à cet égard, aurait pu donner une date plus ancienne aux inclinations roturières de la royauté (1); mais l'école critique n'a tenu compte à Saint-Simon que de sa haine contre Louis XIV, et l'a mis au rang des *patriotes,* uniquement par cette raison. C'est ainsi, remarquons-le bien, que cette école comprend l'histoire ; et nous la retrouverons la même en tout et partout.

---

(1) Franc-Gauloises. — Tome 1, pages 98-100

C'est dans le peuple et dans l'armée sortie de ses rangs que notre esprit national est demeuré le plus vivant; c'est au clergé, peuple lui-même, autant par ses racines que par l'esprit de sa haute mission, que nous devons la première et la plus nécessaire instruction, celle de nos devoirs envers Dieu, la patrie, la famille et la société. C'est lui que la religion associe, depuis notre entrée dans la vie jusqu'à la mort, à toutes nos fêtes et à tous nos deuils. Où sont les hommes, où sont les doctrines qu'on prétendrait lui substituer ?

Nous devons rapprocher ici du clergé les ordres religieux d'hommes et de femmes, placés sous sa direction, nés du peuple pour le peuple, et entièrement voués, soit à l'enseignement et aux soins hospitaliers, soit à la prédication du christianisme et à sa propagation.

Le grand développement donné aux salles d'asile et aux écoles primaires, les encouragements accordés à l'enseignement agricole, les écoles secondaires spéciales, nouvellement créées, celles des arts et métiers, assurent au peuple et à la petite bourgeoisie toutes les ressources possibles de l'instruction nécessaire. L'enseignement primaire est généralement gratuit, et la rétribution scholaire n'est exigée que des familles en position de la supporter facilement, ce qui est à la fois de bonne justice et de bonne administration.

L'école révolutionnaire se met ici du côté des riches,

ou en fait semblant, pour cause, en défendant pour eux le principe de la gratuité combiné avec celui de la coercition. L'enseignement *gratuit et obligatoire* est devenu pour elle un vrai *dada* qui convient à ses allures. Elle est logique à sa manière ; et comme elle prévoit, non sans raison, que le programme de son enseignement pourrait bien ne pas convenir à tout le monde, elle entend qu'il soit *forcé*. Rien de plus habile. Elle veut pouvoir dire : Ah ! vous vous plaignez de l'enseignement que je vous fais donner ! mais je ne vous demande rien pour cela. — Bien, bien. Nous connaissons l'apologue ; il est déjà bien vieux : c'est *le droit du plus fort,* et je ne sache pas que Robespierre et Chaumette aient été moins généreux, quand ils nous imposaient, au nom de la *fraternité,* le culte de la déesse *Raison* dont M. Littré relève aujourd'hui les autels. Ah ! messieurs *les cléricaux,* la *fraternité* de Robespierre vous effraye, prenez mon *altruisme* ; la déesse *Raison* vous paraît fanée, vous lui trouvez trop de rouge ; eh bien, prenez mon *culte de l'humanité.* — Toujours les mêmes !

SAVANTS.

—

Nous touchons à la limite qui sépare plus ou moins le peuple et la bourgeoisie terrienne, industrielle et commerçante, ou, comme je l'ai dit, *le gros de la nation,* des savants, littérateurs et artistes ; et nous avons tout d'abord à chercher ceux-ci dans les grandes écoles où commence leur initiation nécessaire aux professions et fonctions qui leur appartiennent dans la société et dans l'Etat. Notre itinéraire à travers ces écoles et les services qui en dépendent, sera subordonné à leur filiation logique, du simple au composé, du positif à l'idéal.

Les sciences d'abord, ou plutôt les savants, dans chacun des trois principaux groupes auxquels on peut les rapporter : les sciences mathématiques, physiques et physico-mathématiques, les sciences naturelles, physiologiques et médicales, et les sciences du droit civil, administratif et po'itique, c'est-à-dire, au point de vue le plus général et le plus élevé des principaux centres de leur enseignement, l'école polytechnique, l'école de médecine et l'école de droit.

L'école polytechnique.

—

Nous commençons par l'école polytechnique ; et nous venons de nommer les sciences qu'on y enseigne. Il est d'observation bien acquise, de notre temps, que ces sciences peuvent conduire au *positivisme* et que le positivisme conduit lui-même à l'*utopie* et à l'esprit de révolution. Le prétendu philosophe, Auguste Comte, espèce de visionnaire, a professé cette doctrine à l'école polytechnique où elle n'est pas morte.

La philosophie *positiviste* n'est, comme je l'ai dit (1), qu'un réchauffé du matérialisme du XVIIIe siècle et des folles conceptions de 93, *en style assez barbare pour la faire considérer comme neuve.* Elle aspire à un bouleversement complet de notre état politique et social ; et, pour y parvenir, elle n'a trouvé d'autre moyen que d'imaginer une classe de *prolétaires* qui n'existe pas en France (2), et de l'inviter à se ruer contre toutes les autres classes de la société. Son *modus agendi,* c'est *une propagande infatigable* (3), une guerre déclarée,

---

(1) Franc-Gauloises, *Complément nécessaire,* page 2.

(2) *Idem.* Tome 1, page 232.

(3) Textuel, Expression empruntée à M. Littré.

c'est un appel ouvert aux passions les plus basses et les plus aveugles, à la force et à la violence. Il faut voir de ses yeux pour le croire ; et j'ai pris la peine de le montrer, pièces en main (1), ce qui est une raison pour moi de ne pas y revenir ici. Grand soulagement !

M. Littré qui est aujourd'hui à la tête du positivisme et qui passe pour avoir mis son maître, Auguste Comte, en français, n'y a que très-faiblement réussi, tout grammairien qu'il soit, tant il est difficile de façonner notre langue qui est celle du christianisme et du XVIIe siècle à un pareil abaissement !

M. Littré descend des mathématiciens Bailly et Condorcet, que la philosophie du XVIIIe avait troublés, mais qui n'avaient pas, comme lui, derrière eux, l'expérience d'une révolution faite avec cette même philosophie qu'il essaye de rajeunir, et dont il aurait été, comme eux, l'une des premières victimes.

Un système n'apparaît pas toujours avec toutes ses conséquences, et les plus honnêtes gens peuvent s'y laisser prendre, y compris M. Littré. C'est un point d'appui, je l'accorde volontiers, c'est encore un centre commode, une espèce de citadelle où l'on aime à se retrancher ; mais tout système est nécessairement borné.

Rien de plus étroit que le positivisme et de plus faux, par cela même. Au lieu de prendre l'esprit humain com-

---

(1) Franc-Gauloises. Tome 1, pages 181 à 251.

me il est, comme il a toujours été, comme il sera toujours, et d'en respecter les lois que personne ne peut
changer, le positivisme, autre Procuste, entend lui faire
son lit. Sa grande affaire est d'établir un enchaînement
de lois *réductibles* à une seule qui les embrasse toutes.
Il appelle cela *chercher des formules* ; et celles qu'il a
trouvées jusqu'à présent ne sont qu'une contrefaçon
des principes les plus *coercitifs*, imaginés avant lui par
tous les mystificateurs et oppresseurs de l'humanité.

C'est, en physiologie, l'homme *réductible* à la plus
simple animalité, d'un degré au-dessus du singe, et
ne s'en distinguant que par un peu plus de cerveau ;
c'est, en philosophie, l'homme devenu à lui-même son
propre Dieu, *quisque ipse Deus ;* en politique, c'est
Robespierre, appliquant le positivisme de la Convention
dite *nationale*, au nom de l'égalité et de la fraternité :
sois mon frère ou je te tue ; c'est aujourd'hui surtout,
l'unité plus ou moins *Cavourienne*, et le principe élas-
tique des *nationalités,* si merveilleusement développé
par *la manière de s'en servir ;* en un mot, ce sont tous
les moyens de *réduire* l'espèce humaine à *l'identité* et
à *l'unité* d'un grand troupeau bêlant, sous la houlette
de ses tondeurs et de ses égorgeurs.

La traduction du positivisme a été donnée dans les
journées de juin 1848 et dans les actes du congrès de
Liége en 1865 ; elle vient d'être donnée encore, à l'heure
même où j'écris, sous les murs de Rome, à l'issue du

congrès de Genève ; et les *faux-français* du journalisme bourgeois n'ont pas manqué d'y applaudir, à la grande édification des disciples de M. Littré.

Je conçois que l'école polytechnique, habituée à l'exactitude des procédés mathématiques, ait pu se laisser prendre à la donnée principale du positivisme, établie sur des procédés du même genre, et qui affecte d'écarter tout ce qui échappe au calcul et à l'observation des faits sensibles. Il y a là une pente, une cause d'entraînement qui peut mener plus ou moins loin ; mais ceux qui s'y laissent aller jeunes, y résistent mûrs ; et c'est en effet ce que nous voyons. De tous les hommes distingués, sortis de cette école, en qualité d'ingénieurs des mines et des ponts et chaussées, que nous retrouvons aussi dans le génie militaire et dans l'artillerie, qui donnent des chefs illustres à l'armée, des astronomes au ciel (1) et des ministres à l'Etat (2), il n'en est pas un, j'ose le dire, qui ne désavouerait le côté politique et social du positivisme ; et M. Littré n'a pu surprendre ici que les ouvriers qu'il lui a plu d'ériger en parias de la société, sous le faux nom de *prolétaires,*

---

(1) Arago, M. Leverrier, etc.

(2) M. le maréchal Vaillant, M. le maréchal Niel, et d'autres dont les noms ne me sont pas présents. Je me rappelle cependant M. Bineau, qui a été ministre des travaux publics en 1850, et dont j'avais eu l'honneur d'être le collègue à la Chambre des Députés.

Le jugement que je viens de porter sur l'école polytechnique au point de vue particulier qui est l'objet de cet écrit, peut s'appliquer, en général, aux écoles spéciales qui relèvent plus ou moins des études mathématiques, telles que les écoles militaires, l'école centrale des arts et manufactures, etc. Je ne jetterai qu'un simple coup d'œil à côté sur les progrès du positivisme. Cette doctrine fait à petit bruit son chemin dans le monde et surtout, comme je l'ai dit, dans les classes ouvrières. Pendant ce temps-là, le bon bourgeois, qui n'y voit que du feu, se glorifie d'être, sinon *positiviste,* au moins *positif,* et pousse à la roue de son mieux.

Croit-on faire acte de raison, croit-on beaucoup se grandir, en commençant par se mutiler, en supprimant, dans les conseils de sa vanité, tout ce qui tient à la vie de l'âme et au sentiment religieux qui est une loi de l'humanité ? La bourgeoisie paraît en être là ; mais les chefs du positivisme, Auguste Comte le premier, ne l'ont pas cru plus que Robespierre lui-même ne l'avait cru avant eux, témoins leur calendrier emprunté, sous d'autres formes, au calendrier républicain, leurs fêtes, à celles de la *déesse Raison,* et leur *altruisme*, à la *fraternité* de la même date, qu'ils proposent de substituer au calendrier chrétien, aux fêtes chrétiennes et au principe de la *charité.* Tristes parodies ; et que peut-on gagner à chercher si bas ce que le christianisme a placé si haut ! Que la bourgeoisie se le dise, et que *Sa Majesté,*

pour ne pas dire sa fatuité, ne prenne pas tant au sérieux les histoires et les religions de fantaisie qu'on lui
fabrique à la douzaine, tout en se moquant d'elle, en
attendant qu'on la dépouille; et, pour dernier mot,
qu'elle se fasse un allié, contre l'ennemi commun, du
peuple dont elle est sortie, du peuple vrai, dont le bon
sens a résisté à ces fadaises, et dont la grande voix restera la *voix de Dieu*.

La Médecine et les Médecins. — Le posí-
tivisme dans la Médecine. — Diverses
questions d'organisation médicale, en
litige,

—

La médecine est la science la plus étendue par elle-
même et par les sciences accessoires qu'elle entraîne
dans son orbite. Elle a spécialement pour objet l'homme
physique, son hygiène et la thérapeutique applicable à
toutes ses maladies; mais elle en retient aussi le côté
affectif ou sensible, intellectuel et volontaire qui, par
opposition à la *vie organique* dont le gouvernement
nous échappe, est appelé, en physiologie, la vie morale
ou *de relation*. La médecine étudie l'homme, sous ce
dernier rapport, à l'état normal, avant de l'étudier à
l'état pathologique; et c'est ainsi qu'elle a souvent fait
irruption dans le domaine de la philosophie.

Nous commencerons par avouer que les médecins
sont généralement matérialistes. La faculté de médecine
elle-même a pris la tête; et le crédit des professeurs
est aujourd'hui mesuré, dans l'esprit des élèves, au degré
de leur avancement dans cette voie. Cela n'est pas tout
à fait nouveau. Du temps que j'étais encore à l'école de
médecine, il y a cinquante ans, le matérialisme du

XVIIIe siècle y était déjà en grande faveur; et j'ai pu
même en aborder le sujet, dans ma thèse inaugurale, à
la satisfaction marquée des professeurs et des élèves et
d'un journal de médecine accrédité (1). Le temps, la
réflexion, la liberté, ont fait prendre un autre cours à mes
idées; mais si l'école était déjà très-matérialiste alors, à
la hauteur philosophique de son enseignement, le dictionnaire à l'usage des étudiants ne l'était pas : c'était
celui de Capuron continué par Nysten; et c'est aujour-
d'hui celui de MM. Littré et Robin, dont les doctrines
ne sont que trop connues.

Je rencontre ici fort à propos un *fait-divers* emprunté
à la chronique des tribunaux.

M. Sainte-Beuve qui préside aux grandes manœuvres
de l'école critique, et qui s'aventure quelquefois jusqu'aux avant-postes assez inconsidérément, vient d'y
faire encore une fâcheuse rencontre. Il avait pris
à partie de très-haut M. Léopold Giraud qui s'était
permis d'avoir un avis sur le dictionnaire en question,
devenu matérialiste entre les mains de MM. Littré et
Robin, de spiritualiste qu'il était sous le nom de Nysten, à la suite de Capuron (2). La question posée à cet
égard était très simple. On demandait seulement que

---

(1) Franc-Gauloises, tome 1, pages 147-148, 167-170.

(2) Se reporter, pour les détails, au *Journal des Villes et Cam-
pagnes* du 1er avril 1866.

le nom de Nysten ne servit plus de couverture à une œuvre qui avait cessé d'être la sienne, ce à quoi l'éditeur de MM. Littré et Robin s'est refusé obstinément ; mais voici que madame veuve Nysten vient d'obtenir un arrêt de la cour impériale de Paris, fortement motivé, qui condamne cet incompréhensible éditeur à la suppression demandée, plus à 2,000 francs de dommages-intérêts pour la réparation du tort causé à la mémoire de son mari, et à tous les dépens. M. Sainte-Beuve, qui avait trouvé M. Léopold Giraud *téméraire*, aura probablement plus de respect pour le jugement de la cour : espérons-le.

Le matérialisme de l'école de médecine est donc ouvertement affiché, même en dehors de son enceinte, et patroné au grand jour des tribunaux par un membre de l'Académie française, aujourd'hui sénateur ! On comprendra qu'en présence de pareils faits, les familles se soient émues, et que la liberté de l'enseignement de la médecine ait été réclamée pour elles. Cette liberté ne sera pas obtenue sans doute : il y aurait là de trop grandes difficultés; mais je demande à l'Université, je demande même à la Faculté, de quel intérêt si grand peut être à leurs yeux la propagation du matérialisme et de l'athéisme à propos de médecine ? Est-ce que ces doctrines touchent d'une manière essentielle à l'art de guérir; et ne pourrait-on pas trouver qu'elles devraient être au moins *réservées ?*

Comment ! L'objet de la médecine est si haut, son action doit être si discrète et si pleine de ménagements pour les sentiments particuliers du malade ; et le médecin viendrait lui disputer les dernières consolations dont il a besoin ! Je suis le premier à dire qu'il ne le fait pas ; mais dès lors, à quoi bon subordonner l'enseignement médical à des doctrines condamnées d'avance à rester sans application dans la pratique du médecin? Cette disposition n'en est pas moins prédominante aujourd'hui dans l'école, et je le constate à regret. Les choses en sont au point qu'une promotion de nouveaux professeurs a donné lieu, l'an dernier, de la part des élèves, aux plus scandaleuses manifestations.

Le matérialisme du corps médical avait conservé quelque chose de français dans les mots qui servaient à l'exprimer. C'était la langue de Cabanis empruntée elle-même à Condillac et aux traditions du XVIIIe siècle. Les courants nouveaux qui se sont établis tendent à subordonner de plus en plus la même doctrine à la langue de M. Littré. Cette langue elle-même est devenue celle des élèves et d'une partie des professeurs, à la faveur du nouveau dictionnaire ; et le positivisme qui n'a rien de positif et qui ment à son enseigne, a fait invasion dans la médecine.

Exemples : deux journaux nouvellement institués comme organes de la médecine positiviste : *la Réforme médicale,* abandonnée déjà par M. Marchal (de Calvi), son principal rédacteur, qui s'est réfugié dans *la Tribune*, pour cause de scission; guerre ouverte entre ces deux feuilles à peine fondées depuis quelques mois ! Je demande seulement qu'on essaie de les lire. On sera curieux de les voir s'escrimer, à la suite de Broussais, contre les revenants de l'*ontologie*, qu'ils appellent, je crois, des *entités* (1). Quant aux principes, on n'y trouvera rien de bon qui ne soit très-vieux, rien de nouveau qui ne sonne le vide. Un système, qui condamne des hommes de valeur à un pareil pathos, est jugé.

Ce n'est pas ici le lieu d'entrer dans les détails, et je n'emprunterai à ces journaux qu'une seule citation dont M. Taine sera charmé.

« Les races royales, au point de vue de la grande pathologie, et spécialement de l'hérédité morbide, sont un sujet d'étude du plus grand intérêt. On retrouve le vice acquis de François Ier dans François II à qui un vrai poëte, M. Bouilhet, dans une œuvre où abondent les beaux vers, fait dire admirablement qu'il sentait en lui un roi qui ne pouvait sortir. L'aïeul syphilitique meurt scrofuleux dans le petit-fils. Le médecin découvre sous la pourpre les courants diathésiques qui vouent une race à l'extinction. » (2).

---

(1) Comme si les mots de *force* ou de *propriétés vitales*, tels que ceux de *sensibilité*, de *tonicité*, de *contractilité*, avaient jamais représenté des *êtres* dans la pensée des physiologistes qui s'en sont servis avant et après Bichat !

(2) *La Réforme médicale*, n° 4, page 26.

Je voudrais bien pouvoir admirer ce prodige de perspicacité ; mais les dates suivantes m'embarrassent beaucoup. Le *vice acquis* de François Ier ne paraît pas, d'après les historiens, l'avoir été plus de neuf ans avant la mort de ce roi qui a eu lieu en 1547. Nous aurions donc à le faire dater de 1538. Or, Henri II, fils de François Ier et père de François II, était né en 1518, c'est-à-dire vingt ans avant le *vice acquis*. Ne nous étonnons pas trop. La médecine positiviste a surtout besoin de *croyants*. C'est une habitude à prendre, un exercice d'*humilité* qui favorise la paresse et fait passer la *grande pathologie* dans les estaminets. Nous n'y suivrons pas les jeunes positivistes.

Quant à M. Bouilhet, nous n'avons point à juger ses vers ici ; nous dirons seulement qu'il les fait servir à rimer de la très-mauvaise histoire, et qu'il y met en pièces un autre Bouillet, son respectable homonyme.

Un ridicule en appelle un autre ; et, de même que le matérialisme du dernier siècle a eu sur ses flancs Lavater, celui du nôtre a eu Gall, un autre illuminé, qui ne pouvait manquer d'attirer dans son orbite Auguste Comte, et bientôt son disciple, M. Littré. La phrénologie était digne du positivisme, et les deux monstres se sont embrassés.

Le nouveau dictionnaire de médecine a donc été surchargé d'explications phrénologiques aujourd'hui condamnées par M. Littré lui-même. On sait, en effet,

qu'il en a fait son *peccavi* dans les termes les plus déci-
sifs et les plus honorables pour lui (1). Son dictionnaire
est donc à refaire, et nous serions heureux de le voir
enfin rentrer dans celui *de tout le monde* et dans les
bonnes traditions de la langue des Bordeu et des Bichat
dont les modèles ne sont pas perdus.

Je me plais d'ailleurs à reconnaître que le positivisme ne vit, en réalité, qu'à la surface et à la lisière de
l'enseignement, mais qu'il n'en a pas encore atteint le
cœur, et que la science elle-même, la science dégagée
des *bagatelles de la porte* et des concessions faites à
quelques *élèves de quinzième année,* n'a jamais été
mieux professée qu'aujourd'hui, mieux formulée dans
les livres destinés à la jeunesse des écoles. Cela est vrai
surtout de ceux qui ne s'écartent pas du véritable objet
de la médecine, et dont les auteurs, essentiellement
pratiques et dégagés de tout système préconçu, n'aspi-
rent qu'à être *utiles.* Tout le reste est oiseux. Les programmes des *grandes réformes* et le matérialisme, en
particulier, ne mènent à rien de bon, pas plus en médecine qu'en politique et en théories sociales ; et l'expérience nous dit assez que tout livre, établi sur ce
tapage, est faux.

La médecine n'est pas d'hier : *empirique* d'abord,

---

(1) Franc-Gauloises. *Une évolution de M. Littré,* tome 1, pages 235 à 237.

elle est devenue peu à peu *dogmatique,* à l'aide de *l'observation raisonnée,* principe donné en exemple par Hippocrate, et qui s'élève encore aujourd'hui sur la ruine de tous les systèmes. Est ce à dire qu'elle se soit immobilisée? Non, car elle n'a cessé de progresser, sous les enseignes du même principe; et je remarque même, à l'avantage de notre temps, que la théorie et la pratique ont gagné beaucoup en sûreté, grâce aux applications de la méthode expérimentale à la physiologie, à l'importance accordée aux recherches d'anatomie pathologique, aux progrès de la chimie médicale, au développement des ressources offertes à l'étude, et au perfectionnement des moyens d'investigation, notamment depuis un demi siècle. Il y a loin de la *Nosographie philosophique* de Pinel aux traités de *Pathologie interne* d'aujourd'hui. Puissent les jeunes gens de notre temps, si favorisés par tant de progrès accomplis, mettre à profit tous les avantages de l'instruction qui leur est si largement ouverte; et puissent-ils aussi ne pas se croire tenus d'y ajouter, très-inutilement, le matérialisme et les monstrueux systèmes qui s'y sont greffés, dans une langue sans nom !.(1)

Le médecin vient du peuple et du peuple bourgeois

---

(1) Lisez notamment, pour être édifié, l'*Introduction à la question de méthode scientifique,* au n° 39 de *la Réforme médicale* du 15 octobre 1867.

surtout; mais il appartient, par son titre seul, à tout le monde, aux pauvres comme aux riches, aux petits comme aux grands; et de même qu'il ne peut refuser ses services à personne, il n'est personne aussi qui ne puisse être dans le cas d'avoir à les réclamer; il a ses entrées partout, même les plus intimes et les plus privilégiées, qu'aucun autre ministère, sans en excepter celui du prêtre, ne peut donner au même degré.

Si le médecin a le soin des corps, il a aussi, dans une certaine mesure celui des âmes, au point de vue de son action sur le moral du malade et de sa position près des familles qui lui donnent leur confiance et souvent leurs secrets.

Les obligations du médecin sont graves et laborieuses; sa responsabilité est toujours délicate et quelquefois même pesante. Quant à ses services, on dira qu'ils sont rétribués : passons ; mais il en est qui ne le sont pas. Je mets ceux qu'il rend tous les jours à la classe pauvre au nombre de ses devoirs. Il en est de même de ceux qu'il est appelé à rendre dans les épidémies, champ de bataille où sa vie est engagée. Dira-t-on que le corps médical y ait jamais failli ? Non.

Les attributions du médecin ne sont pas seulement particulières; il en est de publiques. Il est consulté par l'administration sur les questions d'hygiène et de salubrité, requis par la justice pour toutes sortes de constatations, et appelé par les tribunaux dans les cas de médecine légale. Ces attributions sont communes à tous les médecins; mais il en est de plus hautes et qui supposent une aptitude exceptionnelle et des études spéciales auxquelles tous ne peuvent atteindre : achevons de nous expliquer.

Il y a, en médecine, comme dans toutes les autres sciences, entre les hommes qui s'y vouent, deux grands courants qui entraînent les uns plus particulièrement vers la pratique, et ce sont les plus nombreux, les autres vers la théorie. La médecine a donc aussi ses érudits et ses théoriciens qui en contrôlent les systèmes, qui l'enseignent dans les livres et la professent dans les écoles. C'est à ceux-ci qu'il appartient d'en réviser et d'en compléter *l'histoire* et d'en fonder *la philosophie* sur l'appréciation comparée des doctrines et sur les grandes vérités définitivement acquises à la science.

La distinction que je viens de poser, toute fondée qu'elle soit, n'a rien d'absolu, car il est des médecins qui sont à la fois grands théoriciens et grands praticiens. Ceux-ci sont naturellement appelés à occuper les hautes places de l'enseignement dans les grands hôpitaux d'instruction civils et militaires, et dans les facultés.

Il est enfin des médecins spéciaux dont il est inutile de donner ici l'énumération. Je distinguerai néanmoins ceux qui ont autorité près de l'administration, dans les grandes questions d'hygiène et dans la science des épidémies, pour la haute direction des secours publics, et devant les tribunaux, pour les cas graves et contentieux de médecine légale. M. Mélier vient d'y laisser sa vie, et tout le monde sait de quels secours, bien nécessaire, ont été MM. Orfila et Tardieu dans les affaires Lafarge, Maurice Roux et de la Pommeraye. Ces grands athlètes ne sont pas de trop pour la défense de la société; mais voici MM. Moleschott et Buchner, à la suite de MM. Renan, Taine et Littré, qui vont nous changer tout cela. Les voleurs et les assassins n'auront, désormais, plus de comptes à rendre à la justice. IL N'Y A PAS DE VOLONTÉ LIBRE, dit M. Moleschott, professeur bien placé à l'université de Turin, *un crime est le résultat logique direct et* INÉVITABLE *de la passion qui anime;* et cette passion elle-même *est l'expression nécessaire d'un état du cerveau!...* Nous retrouverons cela. Ne nous laissons pas détourner du chemin que nous avons à suivre: il y aura place et temps pour tout.

Quelques mots maintenant de différentes questions soulevées à plusieurs reprises depuis 1825, et qui touchent aux principes mêmes de l'organisation médicale.

Il existe aujourd'hui deux classes de médecins, les docteurs et les officiers de santé. Les docteurs, un peu blessés du voisinage de ceux-ci, se sont mis tout-à-coup à en demander la suppression, prétendant qu'il ne devait exister qu'un seul et même ordre de médecins.

Nous retrouvons encore ici le principe de l'*unité* et de l'*identité*, ce qui est à remarquer. Cette prétention, très-vivement appuyée par la presse médicale qui semblait obéir à une consigne, était fondée sur le prétexte spécieux qu'il n'y avait pas deux classes de malades, et que l'humanité avait un droit égal aux secours de la science; mais le gouvernement, après avoir étudié plusieurs projets, cédant peut-être à la difficulté de jeter tous les médecins dans le même moule et à la crainte de faire descendre les docteurs en voulant relever les officiers de santé, s'est contenté jusqu'à présent de fortifier l'institution de ceux-ci.

J'avais demandé, à ce sujet, non pas le maintien de deux ordres de médecins, mais deux grades du même ordre, comme dans le droit, c'est-à-dire des licenciés engagés dans les mêmes examens que les docteurs, jusqu'au degré voulu pour l'entier complément des connaissances pratiques nécessaires, et je plaçais au-delà les hautes études étrangères à cette nécessité, représentées dans la matière de deux examens, pour le doctorat seul, examens suivis d'une dernière épreuve, c'est-à-dire de la thèse d'usage qui en serait le couronnement (1). Je me suis trouvé, un moment, tout-à-fait isolé dans mon opposition au principe d'un seul grade ;

---

(1) *Observations sur un projet de loi relatif à l'exercice de la médecine.* 1833.

mais cet isolement n'a pas duré. Deux journaux importants se sont promptement ralliés à l'opinion que je défendais (1). J'ai eu aussi la satisfaction de rencontrer à cet égard un appui très-marqué dans le sein d'une commission formée en 1838 par M. de Salvandy, alors ministre de l'instruction publique, pour l'examen d'un projet qu'il avait demandé à M. Orfila, commission dont j'avais l'honneur de faire partie; mais laissons cette question que j'ai suffisamment traitée à son heure et en son lieu : j'ai besoin d'être court et surtout de ne pas me répéter inutilement.

Le projet présenté par M. Orfila, mais qui n'était peut-être pas entièrement le sien, contenait aussi une clause relative à l'augmentation du nombre des facultés. On proposait de doubler ce nombre, et par conséquent de le porter à six. La commission n'a pas été favorable à ce système. Elle a pensé que le droit de faire des réceptions ne pouvait pas être disséminé sans danger, qu'une sorte de concurrence au rabais ne manquerait pas de s'établir entre les villes ou facultés qui seraient le siége de son exercice, et qu'il importait, au contraire, de ne pas l'étendre au-delà des limites de sa circonscription actuelle.

Elle a reconnu, d'un autre côté, que les écoles dites

---

(1) *La Gazette médicale,* numéro du 30 novembre 1833, et *la Revue médicale,* livraison de janvier 1834.

préparatoires offraient des ressources particulières
d'instruction qu'on ne trouvait pas toujours aussi facilement et aussi commodément près des facultés, en
raison de la plus grande affluence des élèves que celles-
ci peuvent attirer, notamment celle de Paris ; que les
études et la conduite des jeunes gens pourraient y être
surveillées de plus près, leurs aptitudes et leurs progrès
mieux constatés ; que les familles y trouveraient aussi
plus de garanties morales, et enfin, par toutes ces raisons, qu'un système d'organisation qui tendrait à fortifier ces écoles et à en assurer la fréquentation serait
préférable à l'augmentation du nombre des facultés.

La pensée de la commission, toute conforme d'ailleurs aux faits acquis et déjà consacrés, se résumait
ainsi : décentralisation de l'enseignement, centralisation
de l'exercice du droit de réception. M. Orfila lui-même s'était rendu à ce principe.

Une population de trente à quarante mille âmes peut
comporter une école de médecine : cela est de fait établi. On peut dire ainsi, d'après le nombre et la distri-
bution des villes de cette importance et au-dessus, qu'il
y aurait des centres d'instruction médicale à la portée
de toutes les familles, et d'émulation pour les médecins
sur tous les points de la France. On comptait déjà dix-
huit de ces écoles en 1840. M. de Salvandy pensait que
les douze premières inscriptions pourraient y être prises
au même titre que dans les facultés elles-mêmes, et là

commission semblait partager cette opinion, de telle sorte que le temps obligatoire à passer près de celles-ci n'aurait plus été que de deux années, la première pour le couronnement des études et le complément des inscriptions, la deuxième pour les examens probatoires ou de réception.

Le travail de la commission nommée par M. de Salvandy et qui se composait des plus grandes notabilités de la médecine et de l'université, ne paraît pas avoir été entièrement adopté par le gouvernement, car il est arrivé que M. Cousin, devenu ministre de l'instruction publique en 1840, a pu proposer l'établissement d'une faculté de médecine à Rennes ; mais ce projet, qui déplaisait fort à la ville de Nantes et qui avait paru mal accueilli par la Chambre, a été retiré le jour même où il devait être discuté. M. Bignon, de la Loire-Inférieure, qui devait parler le premier, *contre*, bien entendu, m'avait cédé son tour de parole, dont je n'ai pas eu à profiter. Je n'ai sauvé de cela qu'une étude maintenant perdue dans mes cartons. Il n'est pas inutile toutefois de dire à ce sujet que M. Orfila, plus persistant que jamais dans l'opinion à laquelle il s'était rendu, m'avait fait remettre des notes desquelles il résultait que, sur le nombre des élèves admis aux examens, la faculté de Paris en refusait communément, par année, *un sur sept*, tandis que cette proportion avait été, dans l'année qui venait de s'écouler, d'*un* seulement sur *dix-neuf* à

Strasbourg et d'*un sur vingt et-un* à Montpellier ; d'où M. Orfila concluait que l'augmentation du nombre des facultés ne pouvait que donner une chance de plus à la trop grande facilité des réceptions.

Pourquoi les écoles de médecine ne peuvent-elles conférer des grades, tandis que les écoles de droit, de sciences et lettres, le peuvent et ont toutes le rang de facultés ? Parce que les littérateurs et les savants peuvent être jugés par leurs œuvres, et les avocats par leur parole accessibles à tous, tandis que la médecine est lettre close et que le médecin ne peut être jugé que par son diplôme ; il est donc important qu'il soit bien acquis.

M. de Salvandy, redevenu ministre en 1845, reprit, deux années après, son projet de 1838, où reparaissait le principe d'un seul grade de médecins, mais duquel avait disparu celui de l'augmentation du nombre des facultés. Ce nouveau projet, discuté dans la Chambre des Pairs avec un grand éclat, n'en a pas franchi l'enceinte. M. Cousin s'y est particulièrement distingué. C'est le dernier effort qui ait été tenté législativement contre l'état de choses existant, depuis le ministère Corbière, en 1825. Le système des écoles préparatoires a prévalu en fait ; et le nombre de ces écoles, qui était de dix-huit, en 1840, est aujourd'hui, je crois, de vingt-et-une, indépendamment des facultés de Paris, Strasbourg et Montpellier. Les villes dotées de ces écoles sont : Amiens, Angers, Arras, Besançon, Bordeaux, Caen, Clermont, Dijon, Grenoble, Limoges, Lyon, Marseille, Nancy, Nantes, Orléans, Poitiers, Reims, Rennes, Rouen, Toulouse, Tours.

La question des *médecins cantonaux* a été mêlée aux différents projets qui se sont succédés. Rien de plus expéditif. On dit aux pauvres : il y a des médecins payés pour vous soigner, cherchez-les. N'est-ce pas forcer le choix du pauvre et lui fermer la porte des autres médecins qui pourraient lui inspirer plus de confiance ou se trouver plus à sa portée ? Mais le mot d'ordre était donné, comme toujours, à toute la presse de Paris. Médecins *gratuits et obligatoires,* comme l'enseignement! J'avais déjà combattu ce système dans mes *Observations* de 1833 sur le projet de l'Académie royale de médecine; je l'ai combattu encore en 1847 près des orateurs engagés dans la discussion du projet Salvandy.

« Pas de médecins cantonaux, disais-je, mais un fonds commun départemental mis à la disposition du préfet pour être réparti proportionnellement entre tous les médecins du département qui auraient donné des soins aux malades indigents, par analogie à ce qui se fait pour la propagation de la vaccine. Ainsi, chaque médecin serait admis à présenter, chaque année, l'état des indigents qu'il aurait visités et soignés, état qui serait vu et certifié par le maire de la commune à laquelle appartiendraient ces indigents. » (1)

C'est ce système qui a prévalu dans la Haute-Marne et qui a été consacré par un arrêté, parfaitement motivé, de M. le préfet de Villesaison, en date du douze mars 1857, arrêté qui implique également le concours des communes, autant que possible. Il est vrai que la plupart des médecins n'en réclament pas le bénéfice et continuent de donner leurs soins à tous les pauvres qui les réclament.

Pendant que les docteurs attaquaient les officiers de santé, ceux-ci d'accord avec eux, dans un intérêt commun, sapaient les guérisseurs subalternes, et notamment les sœurs des différents ordres religieux, vouées à la visite des pauvres et aux soins d'infirmerie que les officiers de santé eux-mêmes ne se croient pas obligés de rendre. Une sœur fait un pansement ou apporte une tisane; un rebouteur, ou même une rebouteuse guérit une entorse..... empiétement ! Soit : alors, il aurait fallu apporter cette tisane et guérir cette entorse qu'on a traitée pendant trois mois, sans aucune avance (2) ; il faudrait aussi ne pas se décharger, comme on le fait

---

(1) Note communiquée.

(2) Historique. Le héros de cette aventure est un docteur, homme d'esprit, médecin distingué, qui la raconte lui-même, à la décharge des rebouteurs.

souvent, sur ces mêmes sœurs, du soin de poser des synapismes ou des vésicatoires, des sangsues, des ventouses, et même de faire une saignée, toutes choses qu'on dédaigne, et ne pas s'étonner, ne pas tant déclamer surtout contre les entraînements du peuple vers ces braves filles.

N'est-il pas vrai que la chirurgie, dite *petite* ou *ministrante*, est de plus en plus délaissée par les docteurs et par les officiers de santé qui ont grandi ? C'est pour avoir vu cela que, loin de pousser à l'unification des deux grades, j'en demandais même un troisième, assez humble et assez petit pour les obligations qu'on décline (1). On s'est récrié : — Comment ! lorsque nous ne voulons que des *docteurs*, vous nous proposez des *infirmiers !* — Pas de bruit ! Votre dignité n'en sera pas atteinte ; et si les malades s'en trouvent bien, qu'importe à vos seigneuries ! Nous ne vous demandons que de fermer les yeux, pendant qu'on fera votre besogne, — Voilà ce que je disais ; je ne croyais pas si bien dire.

On a consenti, en effet, d'assez bonne grâce à laisser aller les choses ; on est devenu bon prince ; et pendant que la terre continuait de tourner, la médecine mili-

---

(1) Ecrit déjà cité.

taire, moins ombrageuse et plus sage que la médecine du fameux *congrès médical*, instituait précisément près de ses hôpitaux le service que je demandais depuis plus de trente ans. C'est ainsi que l'esprit de corps et les petites vanités, les petits intérêts qu'il traîne à sa suite, aveuglent si souvent, quand ce n'est pas le besoin, si vulgaire aujourd'hui, de se draper pour le peuple et de le retourner contre ceux qui savent *le servir*, et non pas *s'en servir*.

Il y a toujours eu, à côté de la médecine ou à sa suite, un grand nombre de *spécialités* que le principe utile de la division du travail et de l'intérêt bien entendu de la science et de l'humanité nous commandent de respecter; et puisque nous en sommes à celles qui se rapprochent le plus des besoins du peuple, nous citerons notamment la *sage-femme*, heureux mot, né du peuple, et qui sent si bien son vieil âge ! Un positiviste aurait dit *accoucheuse*. Aimez-vous ce progrès-là? Grand bien vous fasse !

Il en est ici de la chose comme du mot. Tout dérive en nous d'un besoin. La sage femme s'est instituée elle-même avant que l'administration lui ait ouvert des écoles; et la même loi se retrouve partout. car elle est celle de Dieu dans l'humanité, grand principe de toute science et de tout progrès. Nous ne faisons que la suivre; et le présent dont nous jouissons, l'avenir au-devant duquel nous marchons, ne peuvent, quoiqu'on fasse, être séparés du passé qui en représente de si haut les assises éternelles. On essaierait en vain de bâtir à côté : ne l'oublions pas. Que serions-nous encore aujourd'hui sans le vieux fonds qui nous en reste !

Je ne clorai pas ce que j'ai eu à dire ici de la médecine sans faire mention des écoles de pharmacie qui en sont une dépendance, et qui, néanmoins, ont une existence propre à côté des écoles et des facultés de médecine. Il y a, dans la pharmacie, comme dans la médecine, des praticiens et des théoriciens, tous utiles, et parmi lesquels on compte des savants très-distingués.

Nous devons, à un point de vue plus général encore, nommer ici différentes écoles, établissements ou institutions, qui se rattachent au groupe des sciences naturelles et zoologiques. Ce sont les écoles d'agriculture, les comices agricoles si dignes d'être encouragés, les fermes-modèles où j'entends dire qu'on perd beaucoup de temps, l'école forestière et les écoles vétérinaires dont les attributions s'étendent aux intérêts les plus vitaux de la société, tout matériels qu'ils soient. Rendons hommage aux hommes utiles et aux savants formés dans ces écoles, et souhaitons que leur science ne leur fasse pas trop dédaigner celle des vérités morales ! Et que ce vœu ne les offense pas, car il n'est pas seulement à leur adresse, mais à l'adresse de tout le monde, et plus particulièrement ici à celle de tous les hom-

mes voués comme eux à l'étude des sciences où l'on
essaie de trouver la justification du matérialisme.

Novembre 1867.

Le Droit. — Le Barreau. — Les survivants
de la Basoche et des Parlements. — La
Justice. — La peine de mort.

—

Nous nous inclinons devant la haute science du droit
qui descend pour nous de la civilisation romaine amendée par le christianisme et des anciennes coutumes des
provinces dont la réunion compose aujourd'hui la
France. Il y a loin du code Justinien au code Napo-
léon ; mais l'étude du droit romain sert encore aujour-
d'hui d'introduction dans nos écoles à celle du droit
français. D'éminents jurisconsultes ont attaché leurs
noms à la longue élaboration de cette science dont les
monuments nous frappent par leur majesté. Le respect
nous arrête devant ces grands hommes, et l'autorité
nous manque pour oser seulement les nommer, quand
même nous les connaîtrions tous ; mais le Droit se
personnifie vulgairement pour nous dans ceux qui nous
l'appliquent tous les jours, et nous pouvons l'envisager
au moins dans ses rapports extérieurs ou pratiques avec
la société.

Ce qu'on appelait autrefois la *Basoche* et qui était

une sorte d'Etat dans l'Etat, ce qu'on appelait aussi les *Parlements*, devenus assez puissants pour tenir la royauté elle-même en échec et souffler l'esprit de révolution jusques dans les masses populaires, n'ont plus d'existence propre; mais il en reste toujours quelque chose. Les traditions de la basoche et du parlementarisme ont survécu sous d'autres formes ; elles se sont perpétuées sous la couverture de la bourgeoisie ou du ci-devant tiers-état dans lequel a continué de se recruter le barreau. Est ce un bien ? Est-ce un mal ? C'est ce que nous verrons. Nous croyons toutefois, dès à présent, que la bourgeoisie, (je veux parler ici de celle qui ne tourne pas au barreau ou aux professions dites *libérales*), fera bien d'y prendre garde. Essayons de dire pourquoi.

Les sciences et les arts qui en dépendent, les lettres et les beaux-arts, ainsi que les professions et fonctions qui en sont la traduction vivante au sein de la société, donnent à ceux qui les représentent une position distinguée dans la bourgeoisie, position réputée même supérieure, et qui semble échapper de plus en plus, par je ne sais quelle tangente, au vieux cadre de celle-ci. Le bourgeois de 89 est, en effet, visiblement atteint dans les souvenirs de sa souveraineté. Le type en est tombé, sous différents noms que je m'abstiens de répéter, dans le domaine de la caricature, à la merci des rapins et de la bohème des lettres. Où sont pour lui les honneurs de la garde nationale et du bonnet à poil et des moustaches, et les *vivat,* échos prolongés du nom de La Fayette, son équivoque fondateur ? Évanouis (1), pour ne pas dire étouffés dans les consignes aussi mal données que mal observées de *l'ordre public* abandonné, dans le style d'alors, aux *bayonnettes intelligentes* ! Je n'invente rien, je voudrais ne pas juger trop ; je constate seulement.

C'est ainsi que les mots nouveaux de *capacités, d'aristocratie de l'intelligence,* ont pris cours, et que les prétentions à *la noblesse* ont reparu peu à peu dans l'ordre des professions, surtout, comme nous allons le voir, de la part de messieurs les membres du barreau. Pauvre bourgeoisie de 89 ! Est ce que, par hasard, elle se serait fait tort en poussant à nos dernières révolutions ? La question me paraît indiscrète et tout au moins prématurée : laissons-la dormir et ne sortons pas des faits. Nous ne les chercherons pas trop loin ; nous nous en tiendrons à ceux qui nous sont nécessaires ici pour en bien préciser le sens et la filiation.

Les factieux des anciens parlements, Broussel en

---

(1) Les bonnets à poil avaient déjà subi le même échec en 92. Il avait fallu les *déposer sur l'autel de la patrie,* à la barre de l'Assemblée (séance du 4 août), non loin des armoiries de la noblesse ! on ne pense pas à tout.

tête, au temps de la Fronde, et d'Espréménil (1), au temps des préliminaires de 89, avaient commencé la guerre contre la royauté, dans l'intérêt de la nobesse et pour la défense de leur suprématie. Les avocats de baillage l'ont reprise et continuée, pendant la révolution, contre toutes les deux ; mais ces fiers avocats, ces grands *niveleurs* de 91, année qui a marqué la suppression des jurandes et des maîtrises et fait passer toutes les professions sous le joug de la patente, avaient oublié de se *niveler* eux-mêmes. Il a fallu deux autres révolutions pour effacer de nos lois *le privilége* maintenu en leur faveur et triompher enfin de la résistance du barreau. Rien de plus embarrassé, de plus contraire à tous les principes d'égalité, que les motifs de cette résistance, exposés et délibérés longuement par le conseil de l'ordre des avocats du barreau de Paris, dans les premières années qui ont suivi 1830, et dont le rapporteur était pourtant un républicain. Grande faiblesse ! Incurable entraînement de l'esprit de corps ou de parti, de la plaidoirie *pro domo suâ*, dont les meilleurs esprits, j'oserai même dire les avocats, ne sont pas toujours exempts !

---

(1) Un de ceux qui s'étaient montrés les plus factieux et les plus opposés à l'enregistrement des édits rendus par Louis XVI, après la première convocation des notables. Il a dit, peu de temps avant d'être conduit lui-même à l'échafaud : « Si Louis XVI, mieux conseillé, m'eût fait pendre, il eût fait justice. »

L'honorable rapporteur en exonérait, bien entendu, ses confrères du barreau ; mais il était facile de voir que ceux-ci avaient subi, sans doute à leur insu, le préjugé qui s'attachait alors à la patente, et s'étaient émus du projet tendant à la leur imposer comme d'une atteinte à la *noblesse* de leur profession. C'est ce que j'ai dû montrer (1) ; mais la question n'était pas là seulement, pour moi, car elle touchait au principe même du droit électoral établi alors et à l'exercice duquel messieurs les avocats prétendaient arriver, non pas à titre d'*imposés*, comme un simple bourgeois, mais à titre de *capacités*.

C'est contre cette prétention que je me suis tout d'abord élevé. Je disais donc à ce sujet :

« Constituer *des capacités politiques !* Y pensez-vous, Messieurs ! Que ferez-vous du reste des citoyens ? Ce seront donc autant *d'incapacités politiques* légalement constituées. Mieux vaudrait, je crois, une belle et bonne aristocratie de naissance. On peut se consoler, en effet, de n'être pas appelé par sa naissance à jouir de certaines prérogatives, à exercer certains droits, mais se voir exclu de toute participation aux affaires publi-

___

(1) LA PATENTE EST-ELLE APPLICABLE A LA PROFESSION D'AVOCAT ? — *Lettre d'un médecin de province à messieurs les membres du conseil de l'ordre des avocats du barreau de Paris.* 1856.

ques en qualité d'*incapable* et passer pour tel au nom de la loi, voilà qui peut sembler étrange et tout à fait nouveau dans l'histoire de la législation.

» Ce principe une fois posé, quelle fin de non recevoir entendriez vous opposer d'avance au débordement des vanités sociales, et comment répondre à certaines prétentions que ce débordement pourrait soulever... sinon par un brevet d'*incapacité ?*

» Vous voyez ainsi que, loin de songer à mettre un terme à l'espèce de malaise entretenu depuis si longtemps par le fait de votre position privilégiée dans l'ordre des professions, sous le rapport de l'impôt, vous ne craindriez pas d'y mettre le comble, en vous faisant octroyer, de par la loi, la concession d'un nouveau privilége, et en exploitant les prétentions de ceux qui sembleraient en position d'être initiés à cette étrange communion des capacités dont vous seriez les sacristains ! »

Messieurs les avocats, n'ayant rien à répliquer, ne m'ont pas répondu ; mais ils ont agi, c'est-à-dire que, très-embarrassés d'avoir à dire pourquoi les médecins étaient patentés, tandis que les avocats ne l'étaient pas, le parti qui leur a semblé le meilleur à prendre a été, non pas de faire patenter les avocats, mais de faire dépatenter les médecins (1). O puissance du plaidoyer !

---

(1) Loi du 25 avril 1844.

Voilà ce qui s'appelle savoir tirer parti des révolutions *bourgeoises,* à la barbe des *Ratons* qui s'y sont brûlés.

C'était peu toutefois. Messieurs les avocats se voyaient sauvés de la patente, il est vrai ; mais ils n'étaient pas encore électeurs, et *l'adjonction des capacités,* si ardemment poursuivie et réclamée, ne venait pas à point.

Bref : ils ont tant *banqueté,* tant crié *à la Réforme ;* et la bourgeoisie, qui se reconnaissait en eux, les a si bien aidés, qu'ils y ont gagné la république de 1848, et que cette bonne mère les a fait taire, en leur octroyant le suffrage universel et, pour couronnement, la patente (1). Il est permis de croire qu'ils n'en demandaient pas tant ; mais ceci ne nous regarde plus.

Les anciens parlements, se recrutant surtout dans la noblesse, il y avait à la fois, dans leur opposition à la royauté, quelque chose de l'esprit de vassalité, toujours un peu rugissant, et des habitudes de l'autocratie parlementaire, éléments surannés que notre libéralisme bourgeois, très-myope de sa nature, envie encore à l'Angleterre qui s'en pavane. On gardera, bien entendu, ce préjugé, tant que la raison de fait ou le droit du plus fort sera du côté de l'Angleterre. Attendons puisqu'il le faut.

---

(1) Loi du 18 mai 1850.

Je ne trouve pas mauvais du tout que l'Angleterre soit ce qu'elle est : cela ne me regarde pas. Ce que, depuis longtemps, je me permets de trouver mal séant, simple Français que je suis, ce à quoi j'ai constamment résisté dans mes écrits (1), c'est qu'on veuille, à toute force, nous amener à l'imitation d'un gouvernement contre nature et qui commence à pâlir devant les suites menaçantes de ses iniquités.

Si j'intercale ici un mot de cela, c'est par la raison que les habitudes du droit écrit disposent trop peut-être à ne rien voir au-delà des formes légales et à faire bon marché de ce qui n'est que juste et humain. Ce qui n'y dispose pas moins, ce sont les admirations de commande et de convention qui sont la monnaie courante de notre éducation classique et que le monde reçoit toutes faites. Aussi voyons-nous que les gouvernements les plus tapageurs et qui abusent le plus du tréteau n'ont pas de souteneurs plus ardents que les lettrés en général, à la tête desquels on peut mettre ici les avocats. Remarquons en passant que M. Jules Favre, un des plus lettrés de ceux-ci, (nous devons le croire au moins puisqu'on vient de lui décerner les honneurs académiques), en est devenu le vrai prototype, au point

---

(1) Etudes sur *le gouvernement parlementaire*. Diverses brochures publiées de 1858 à 1842. — **1848**. *Avant, pendant et après*. Comédie en cinq actes, en vers libres. — Franc-Gauloises, tome I, pages 113-124, Tome II, *London*, pages 69-92.

de vue particulier qui nous arrête en ce moment. Nous ferons toucher du doigt toutes ces vérités ; mais nous n'en sommes pas encore à la politique, et ce n'est pas ici le lieu. Nous devons, en attendant, dire quelques mots de la justice avec tout le respect qui lui est dû.

La justice est, après la religion, la représentation la plus élevée de la loi de Dieu dans l'humanité. J'ai eu lieu de pouvoir admirer ces grandes solennités judiciaires et ces présidences d'assises où des hommes qui, vus de près dans la société, s'y font à peine distinguer, s'élèvent par le sentiment du devoir et de la grandeur du milieu dans lequel ils sont appelés à l'accomplir, à la plus haute expression des vérités morales, et savent toucher, même chez les accusés, les cordes les plus justes et les plus sensibles de l'âme. Il y a là, comme pour chacun de nous, tous tant que nous sommes, ayant charge d'âmes, avocats, médecins, prêtres surtout, les grâces d'état qui nous viennent en aide, au moment voulu, dans tous les devoirs accomplis dignement, devant les hommes et devant Dieu. Si l'image du Christ est dans les tribunaux, c'est pour nous rappeler sans cesse au sentiment qui doit présider à toutes leurs décisions, sentiment qui doit dominer à la fois les témoins, les jurés, les juges, et j'oserai même dire aussi le ministère public et les avocats qui semblent y échapper quelquefois.

Que penser, en effet, d'un magistrat qui, soit comme juge d'instruction, soit comme représentant le ministère public, agissant dans l'intérêt de la société, voudrait, à toute force et de parti pris, trouver un coupable où il n'y a d'abord qu'un prévenu qui peut être un innocent ? C'est pourtant ce qu'on a pu voir assez souvent, surtout de la part du ministère public ; et que penser aussi d'un avocat qui insulte les témoins, qui abuse de son droit et de son talent jusqu'à chercher à les intimider, qui se plaît à les déconcerter, qui s'en fait un jeu même, à tel point que les jurés pourraient avoir à se demander quelquefois si ces pauvres témoins ne devraient pas être mis sur la sellette à la place des accusés ? Il y en a de faux, je le sais, mais plutôt à décharge qu'à charge ; et la justice ne peut être, dans tous les cas, trop vigilante à cet égard ; mais l'abus que je signale n'en existe pas moins.

Est-ce que, par hasard, les attributions du ministère public et des avocats ne seraient pas soigneusement définies dans les écoles de droit ? Je ne puis le supposer. Quoiqu'il en soit, la société n'ayant d'autre intérêt que celui d'être défendue, le magistrat qui représente cet intérêt doit être exempt de toute passion contraire à la plus stricte impartialité. La loi qui doit atteindre le coupable doit encore plus protéger l'innocent. Toute interprétation contraire à celle-là ne pourrait amener, de la part des avocats, que des représailles en sens inverse, également attentatoires à la bonne application de la justice et à sa dignité.

Tout avocat qui se charge sciemment d'une mauvaise cause, en matière civile, agit en malhonnête homme. Il doit, en pareil cas, non seulement refuser son ministère, mais encore employer ses efforts à détourner son client de la mauvaise voie dans laquelle il est engagé ; mais il n'en est pas de même en matière criminelle. Ici, la société entend que tout accusé soit défendu. C'est dès lors un devoir pour les avocats de s'y prêter, tantôt à la prière de l'accusé menacé dans son honneur ou dans sa vie, tantôt comme requis d'office. Situation souvent délicate et ardue qui, dans certains cas, peut ne comporter que la plaidoirie des circonstances atténuantes, et qui, dans d'autres, laisse encore assez de doutes à l'esprit des juges et des jurés, pour qu'il soit possible et permis à l'avocat d'établir au moins l'insuffisance de l'accusation. C'est ici qu'on a lieu souvent d'admirer les merveilleuses ressources du talent qu'un avocat peut mettre à la défense d'une cause, même mauvaise, quand la mesure et la convenance y sont observées; mais que l'honneur est grand d'arracher à la mort un innocent, victime de préventions ou de passions aveugles, ou que des circonstances fatales ont mis sous le coup d'une apparente culpabilité!

Disons, à l'honneur de notre temps, que jamais l'opinion n'a paru plus émue qu'aujourd'hui du malheur

irréparable d'une erreur judiciaire, entraînant la peine
de mort, et mesurons sur ce sentiment la reconnais-
sance due à l'avocat qui peut en épargner à la société
l'éternel regret.

Reconnaissons toutefois aussi que, grâce aux progrès accomplis, sous ce rapport du moins, dans nos
mœurs et dans nos lois, les suites fatales des erreurs
de ce genre sont moins à craindre que jamais. L'admis·
sion des circonstances atténuantes est particulièrement
un moyen d'y échapper dont le jury peut user et abu-
ser. L'abus en est même assez fréquent : ne nous en
plaignons pas trop.

De grands progrès se sont accomplis dans l'ordre
judiciaire. La pénalité féodale, aussi odieuse qu'arbi-
traire, a disparu peu à peu. L'honneur d'en avoir
aboli les derniers restes appartient à Louis XVI et à
la révolution de 89. L'institution du jury date également de cette révolution, de même que celle des jus-
tices de paix. L'admission des circonstances atténuantes
est due au gouvernement de Louis-Philippe (loi de 1832).
De grandes améliorations dans le régime pénitentiaire
ont été réalisées sous ce même gouvernement auquel
on doit également l'abolition de la marque. Le principe
de l'assistance judiciaire a été posé par la révolution
de 1848, ainsi que celui de l'abolition de la peine de
mort en matière politique, mais dans les cas seulement

qui ne seraient pas compliqués d'attentats à la vie des personnes. Ces principes ont été sanctionnés par la loi des 29 novembre, 7 décembre 1850 et 22 janvier 1851, et par celle du 21 janvier 1855.

L'organisation judiciaire actuelle, élevée sur les ruines de l'ancienne par la révolution de 89, amendée et plus ou moins modifiée par les divers gouvernements qui se sont succédé depuis cette époque, offre à la société toutes les garanties désirables; et la porte est toujours ouverte aux améliorations de détail qu'elle est susceptible de comporter. Le principe de l'inamovibilité des juges, un moment remis en question par la révolution de 1848, a heureusement prévalu. L'expérience malheureuse qui avait été faite du principe électif, au temps de notre première révolution, n'en faisait pas souhaiter un nouvel essai. L'inamovibilité appartient donc encore à la magistrature dite assise et qui juge à tous les degrés, depuis les tribunaux de première instance aux cours impériales et à la cour de cassation. Il n'en est pas de même, et avec raison, du ministère public, agissant à côté d'elle, ou de la magistrature du parquet dont les attributions sont essentiellement différentes, et qui est loin de pouvoir être *assise*.

Il existe, à côté des tribunaux et des cours, différents services ou *offices* dits *ministériels*, aux titres d'avoués, de greffiers, d'huissiers, tous utiles et même nécessaires.

Parmi les institutions qui relèvent du droit, nous ne

devons pas oublier celle du notariat qui touche à de si nombreux intérêts, toujours présents. Les notaires sont aussi comptés parmi les officiers ministériels. Le droit de vendre les charges ou offices de cette nature a été maintenu dans des conditions qui tendent à en assurer la bonne gestion. Ces conditions sont-elles assez rigoureuses ? On a pu se le demander.

L'administration de la justice implique enfin la nécessité d'une force publique et d'établissements de détention pour les différentes espèces de prévenus ou de condamnés. Le régime des prisons a été très étudié sous le règne de Louis-Philippe à des points de vue de philanthropie qui ont paru même exagérés sous différents rapports. On se préoccupait aussi beaucoup, mais à un point de vue différent, des avantages de l'emprisonnement cellulaire ; et tout ce qui m'en est resté, c'est que ce régime, appliqué dans toute sa rigueur, aurait le double inconvénient d'être à la fois cruel et abrutissant. Je n'aborderai pas ces questions ; je laisse à d'autres plus compétents que moi le soin de les résoudre. On a, dans ces derniers temps, substitué au régime des bagnes celui de la transportation à Cayenne et dans la nouvelle Calédonie. Je dois croire qu'on s'y est déterminé par de bonnes raisons,

La force publique à la disposition de la justice est la gendarmerie, vieux mot contenant ceux de *gens d'armes*, sous lesquels on entendait autrefois toute la force armée de France, et qui, confondus par un long usage en un seul, ont formé le nom de *gendarmes*. Il n'en est pas de plus vulgaire et de mieux acquis. Le gendarme est, en effet, l'expression la plus élémentaire de la force armée, autant par l'ancienneté de son origine et de son nom, que par l'intérêt permanent de son institution. Tout le monde en reconnaît la nécessité, ce qui n'empêche pas qu'on ne le tourne en ridicule ; et les bourgeois eux-mêmes ont trouvé de bon goût de continuer la tradition des gentilshommes et des gens de lettres d'autrefois qui se flattaient si agréablement *d'avoir rossé le guet*. Ne nous étonnons pas trop, d'après cela, que ces bons bourgeois, ceux de Paris surtout, se fassent un jeu de donner à tout propos *des leçons au gouvernement*. Tels ils ont été, en effet, depuis leur émancipation, frondeurs nés de toute autorité, toujours disposés à la tenir en échec et croyant ainsi se donner des airs de grands citoyens. Grâce à cette disposition d'esprit, les ennemis de tout ordre social, les délinquants de toute espèce et les malfaiteurs eux-mêmes, gagnent tous les jours autant de terrain que les représentants de l'autorité et de la force publique en perdent ; et les gens qui se disent encore honnêtes en sont venus eux-mêmes à prendre souvent contre la société le parti de ceux qui l'attaquent (1).

---

(1) Exemple inédit, d'assez fraîche date. Un brave homme

Je comprends parfaitement que les feuilles dites *libérales,* à la dévotion des bourgeois de notre temps, leur aient fait perdre la crainte de Dieu ; mais, cela étant, comment ne voient-ils pas qu'il y aurait là une raison de plus, pour eux, d'avoir au moins quelque considération pour *le bon gendarme ?*

Je m'en tiens, comme on le voit, sur toutes choses,

---

avait été témoin de l'arrestation de malfaiteurs, dans une diligence où il se trouvait avec eux, sans les connaître. Les gendarmes n'avaient pu se rendre maîtres de ceux-ci qu'à la suite d'une lutte très-vive et dans laquelle ils avaient même couru des dangers. Cet homme est appelé devant le tribunal et le président l'interpelle sur les faits dont il avait été le témoin. — Ma foi ! mon président, tout ce que je puis vous dire, c'est que si les gendarmes n'avaient rien dit à ces gens-là, ces gens-là ne leur auraient rien dit.

Autre exemple moins naïf. On m'a raconté, très-authentiquement, l'histoire d'un député qui avait tancé vertement un sergent de ville assez indiscret pour avoir arrêté, la main dans sa poche, un praticien du *vol à la tire.* — De quoi vous mêlez-vous? Si je veux qu'il me vole, moi ! — Ce député, que je pourrais nommer, avait le mérite au moins d'être conséquent, car il appartenait à cette opposition, sans trêve ni merci, qui poursuivait le roi Louis-Philippe jusque chez les derniers agents de sa police et qui l'accusait même de les employer, pour la forme, à faire tirer sur lui de temps en temps, ce que tout bon *libéral* était tenu de croire aveuglément. Pauvre nature humaine ! Autres temps, mêmes badauds !

C'est au même ordre d'idées et de faits que nous devons rapporter cet autre propos d'un Parisien qui, entendant parler de la réunion des députés à l'hôtel de ville, après les évènements de juillet 1830, s'écriait dans sa candeur : *Est-ce que, par hasard, ils voudraient nous faire encore un gouvernement !* Textuel. Il n'y a guère, en effet, d'autre morale à tirer de certains journaux de l'opposition qui sont les plus recherchés. Nous y viendrons.

à ce qui est d'intérêt permanent, soit bien acquis, soit encore en litige. A ce dernier point de vue, je dirai quelques mots de la peine de mort et d'un vœu tendant à son abolition que le Sénat vient d'écarter par un ordre du jour unanime, à la suite d'une longue discussion.

Alphonse Karr a été plus expéditif. Il a dit, je crois : — Vous voulez abolir la peine de mort? Eh bien ! faites que les assassins commencent. — Il est certain que les assassins ne commenceront pas. Comment faire pourtant ? La société doit-elle tendre le cou ? — Non, diront tout d'une voix nos bons abolitionnistes : il est bien entendu que tout assassin sera mis dans l'impossibilité de recommencer. — Bien ; mais les autres, à la suite, et que la perspective de l'échafaud contient encore un peu, pensez-vous que tout autre moyen d'intimidation puisse les contenir au même degré ? Non, vous ne le penserez pas, vous ne le direz pas sérieusement, pour peu que vous teniez à faire usage de votre raison, et les assassins qui ne sont pas des niais ne le penseront pas plus que vous. Toute la question est là, sans phrases ; et c'est dire assez qu'elle est résolue, si la société ne mérite pas l'injure d'être mise en balance avec les assassins.

Ce qui m'étonne le plus dans la peine de mort, c'est qu'elle puisse trouver un exécuteur et que la justice n'en ait jamais manqué. M. de Maistre a sondé la question de cette nécessité. Je sais qu'on la trouvé paradoxal. Il est difficile, je le sens, de ne pas le paraître en pareille matière qui trouble et déconcerte la pensée.

Quel est cet homme caché derrière la société, dont on ose à peine prononcer le nom, que personne ne voit, si ce n'est un moment, de loin, sur l'échafaud, comme une lugubre apparition, dans son dernier et terrible tête à tête avec le condamné ?

Cet homme est *le bourreau,* dans la langue vulgaire, et *l'exécuteur des hautes œuvres,* dans celle de la justice.

Est-il œuvre plus haute, en effet, que celle de frapper un homme avant le jugement de Dieu ? On se demande si cela est permis : sans doute, à moins de mettre en interdit devant Dieu toute justice humaine et d'ôter à la société les moyens de défense qui appartiennent à tout homme en particulier. Je demande à mon tour aux abolitionnistes : est-il vrai qu'un homme assailli par un assassin soit en droit de le tuer ? — Oui. — Donc . . . . . — Il est vrai que la société y met des formes et qu'elle accomplit mûrement ce qui, de la part de l'individu mis en péril et réduit à se défendre sur place, est un acte instantané. La différence de ces situations peut-elle infirmer le droit de la société ? Non.

Puisque nous en sommes à la question de droit, je demande encore, et j'y suis fondé, si la société, qui n'aurait pas le droit d'ôter la vie à un assassin, aurait celui de lui ôter la liberté ? Ne serait-ce pas encore attenter dans sa personne à la loi de Dieu qui l'a créé libre ? Il suivrait bientôt de ces objections dont le principe est le même au fond qu'il n'y aurait plus au monde d'autre droit que celui du plus fort, et qu'à défaut de la protection sociale accordée aux faibles, ceux-ci, pour ne pas être égorgés, n'auraient plus qu'à se laisser dévaliser jusques dans leurs poches. Et qu'on le sache bien, c'est à cela qu'on nous pousse en effet, c'est-à-dire à la négation du droit social et, par conséquent, à la destruction de la société elle-même. Nous allons le voir bientôt.

M. Jules Cohen écrivait, ces jours-ci, dans le journal la *France*, à M. le vicomte de la Guéronnière, sénateur, une lettre sur la peine de mort, où nous remarquons le passage suivant :

« La peine de mort est-elle nécessaire ? — L'affirmer, c'est proclamer l'impuissance matérielle et l'impuissance morale de la société. Il y a dans le beau roman de *Notre-Dame de Paris* une scène saisissante. Jehan, cet enfant mutin qui jette à tous les vents son cœur, sa fortune et sa vie, est gourmandé par son frère, Claude Frollo. — Tu cours à la perdition, lui dit le sombre diacre de Notre-Dame ; tu finiras par la potence. — La potence, s'écrie Jehan, c'est une balance. D'un côté un seul homme, de l'autre, le monde entier. Il est beau de faire contre-poids à toute la terre ! — Ne

riez pas de cette image bizarre ; c'est la théorie fonda-
mentale de la peine de mort. — Oui, quand la société
s'arme contre un homme du bourreau et de l'échafaud,
elle avoue son impuissance. Si elle ne détruit pas cet
homme, cet homme la détruira. Elle le proclame aussi
puissant, aussi redoutable qu'elle même. S'il n'est pas
anéanti, c'est elle qui s'anéantira. »

Et là-dessus, beaucoup de phrases à perte de vue
sur le même ton, c'est-à-dire sur le ton du petit Jehan-
Victor Hugo, pour en venir à la proposition de mettre
le criminel en cellule, en face de lui même, *avec ses
remords éternels. Immortale jecur,* etc.

Que l'emprisonnement cellulaire puisse être comparé
au supplice de Prométhée, par un effet de rhétorique,
et qu'on essaie d'établir entre ce supplice et la peine de
mort une espèce de parité, au point de vue des néces-
sités de l'expiation, la difficulté n'est pas là ; elle est
toute entière dans la question de savoir à laquelle de
ces deux peines on peut attribuer un effet d'intimidation vraiment sérieux. M. Cohen évite de la poser dans
ses véritables termes ; il est plus commode pour lui de
la déplacer : je comprends son embarras, et ne puis que
le prier d'en référer aux assassins qui paraissent en savoir beaucoup plus que lui là dessus. Je ne vois pas
bien d'ailleurs comment la société serait moins déchar-
gée d'un *aveu d'impuissance* en privant un criminel de
sa liberté qu'en le privant de la vie. M. Cohen y pensera.

Je ne vois pas davantage sur quoi il se fonde pour accuser d'*impuissance matérielle* une société qu'il nous représente armée du glaive de la loi contre ceux qui s'en prennent à la vie de ses membres et qui en use au besoin. N'est ce pas pousser le sophisme et la déclamation jusqu'à la puérilité ?

Quant à l'*impuissance morale*, est-ce que cette même société refuse à aucun de ses membres l'instruction morale et même religieuse ? Est-ce qu'elle a jamais manqué, sous ce rapport, à aucun de ses devoirs envers les condamnés, tant qu'il lui est possible de ne pas en désespérer tout à fait ! Si la société frappe, elle ne le fait qu'à la dernière extrémité, quand elle ne peut se défendre autrement, ni plus efficacement. Sa puissance est bornée sans doute, comme tout ce qui est humain ; mais elle suffit à sa conservation. Le seul fait de son existence en est la preuve et fait voir assez *qu'elle n'est impuissante, ni matériellement, ni moralement,* dans l'état actuel de son organisation et dans les limites posées par elle même à son action. La société fait ici tout ce qu'elle veut et ne veut que ce qu'elle peut.

M. Cohen est assurément un noble cœur, un écrivain distingué, qui honore la presse ; mais nous craignons qu'il n'ait beaucoup trop lu M. Victor Hugo.

Comment! la société devrait se laisser prendre à une puérile antithèse; on viendrait, sur un jeu de mots, l'accuser *d'impuissance morale ;* et le cœur gros, pour l'assassin, d'une pitié qu'on refuse à la victime, on lui conseillerait de passer béatement l'éponge et d'accepter humblement, devant des scélérats tels que Lacenaire, Dumolard et de la Pommeraye, la mission de les moraliser, sous peine d'avoir à baisser pavillon devant eux, si elle n'y réussissait pas ! Cela n'est pas sérieux : la société ne pourrait y gagner que leur hypocrisie ou leur mépris.

Lacenaire qui avait sans doute lu *le beau roman de Notre-Dame de Paris,* n'a pas manqué, en effet, l'occasion de reprendre, devant le public et les jurés, la thèse de M. Victor Hugo. Lacenaire avait voulu se mesurer avec la société, c'est-à-dire avec le bourreau qui en est la dernière expression, contre ceux qui en attaquent violemment les conditions. L'effet de cette mise en scène a été digne du souffleur, et Lacenaire a reçu des admirateurs de M. Victor Hugo et même des belles dames animées du même sentiment, les témoignages de la plus vive sympathie jusque dans sa prison; mais son rôle a été mal soutenu devant la mort, et le dénouement a été manqué.

Si Lacenaire eût été envoyé au bagne, seule peine qu'il eût été possible de lui appliquer alors, à défaut de la peine capitale, il y aurait certainement développé les doctrines de M. Victor Hugo, son auteur, aussi bien qu'un professeur du collége de France ou de l'Université de Turin qui nous les enseignent de temps en temps.

M. Victor Hugo qui n'a jamais marché que par *trois*, depuis la préface de *Cromwel*, et qui, chemin faisant, toujours plus altéré du sang des rois, s'est épris de Robespierre, est aujourd'hui aux pieds de Juarez où il restera (1). Juste châtiment des tristesses d'*Olympio* dont l'orgueil était à l'étroit dans une société qui le faisait académicien et pair de France ! L'*enfant subli-me* de Châteaubriand, le poète monarchique et chrétien s'est perdu dans le sectaire ; et ce sectaire était déjà grand et tout formé dans le petit raisonneur de *Notre-Dame de Paris*, si admiré de M. Cohen. Admirons, je le veux bien, les vers de M. Victor Hugo ; mais ne lui demandons pas des lois. M. Victor Hugo qui est, sans contredit, le plus grand poète du siècle, a fait aussi, d'un autre côté, plus d'eau trouble à lui tout seul que tous les utopistes de notre époque ensemble. Il a hautement arboré, depuis quarante ans, le drapeau de la guerre au bon sens, il a fondé le culte du grotesque et du monstrueux, c'est-à-dire *du laid dans l'énorme* ; il a tenu parole ; et la postérité sera bien forcée de reconnaître, en effet, qu'à part ses belles poésies, son œuvre tout entière est un défi perpétuel au sens moral et au sens commun.

---

(1) Tout le monde connaît aujourd'hui la lettre de M. Victor Hugo à Juarez, à propos de l'attentat de Queretaro, lettre qui est le corollaire de ses dernières œuvres, et que nous pouvons heureusement nous dispenser de reproduire ici.

M. Cohen a donné, tête baissée, très honnêtement, dans les panneaux toujours tendus de cette espèce de littérature que nous avons qualifiée d'*hystérique* (1) et sur laquelle nous reviendrons. Nous y trouverons beaucoup de *monomanes* très-dangereux ; mais nous en sommes à la Justice qui n'atteint pas cette sorte de malfaiteurs, à moins qu'ils n'en viennent à l'application de leurs doctrines ; et ce n'est pas ici le lieu de nous en occuper. Nous les retrouverons dans la littérature et la philosophie.

Décembre 1867.

---

(1) FRANC-GAULOISES, *Complément nécessaire,* page 49.

A M. le Rédacteur du *Messager de la Haute-Marne.*

Monsieur,

L'ordre de mon travail amenait ici *les Philosophes,* et je les rencontre au point juste de l'interruption forcée que je vous avais fait prévoir et qui s'est réalisée. Je les ajourne donc à mes vacances prochaines ; mais je puis, en attendant, vous proposer une réponse à notre honorable compatriote, M. Alexis Pierron, qui, dans votre journal même, a consacré plusieurs articles à la critique de mon livre des Franc Gauloises. Cette réponse, faite à son heure, et que j'ai retenue jusqu'à présent, me paraît aujourd'hui plus opportune que jamais comme introduction à mon chapitre *des Philosophes.* Ma tâche est rude et très-complexe, non pas contre M. Pierron, mais contre les écrivains dont la langue étrangère à ses habitudes a surpris sa bonne foi. Ce qu'il en dit ressemble en effet beaucoup plus à une apologie de leurs intentions qu'à un examen sévère de leurs doctrines. Que les intentions soient bonnes, je le veux bien : *l'enfer en est pavé,* dit-on ; mais je ne m'en prends qu'aux doctrines, et ce ne sera pas ma faute si je ne puis en séparer les personnes autant que je le voudrais.

Votre tout dévoué,

Athanase RENARD,

29 février 1868.

Une digression toute pleine du sujet.

—

M. Alexis Pierron, ancien élève de l'école normale, et l'un de nos hellénistes les plus distingués (1), a bien voulu m'adresser, dans *le Messuger de la Haute-Marne*, avec une bienveillance dont je le remercie, quatre lettres successives (2), et qui tendent surtout à dégager l'école normale, les professeurs du Collége de France et les membres de l'Institut, de toute responsabilité dans les désordres actuels de l'esprit public, entretenus par l'école critique, èt dans les scandales du Congrès de Liége.

Il est bon de savoir, avant tout, que M. Pierron

---

(1) Auteur de la première traduction en français de la *Métaphysique* d'Aristote, en collaboration de M. Zévort, couronnée par l'Académie française, et d'une traduction du *Théâtre* d'Eschyle, également couronnée par cette même Académie. M. Pierron a traduit aussi les *Pensées* de Marc Aurèle, et revu les traductions des *Traités de morale* et des *Hommes illustres*, de Plutarque, données par Ricard. Il a fourni à l'*Histoire universelle*, publiée sous la direction de M. Duruy, l'histoire de la littérature grecque et celle de la littérature romaine, excellents livres; il vient enfin de publier, tout récemment, un volume intitulé : *Voltaire et ses maîtres.*

(2) Nᵒˢ des 28 juin, 5, 15 et 26 juillet 1866.

s'honore d'appartenir à la phalange des spiritualistes ;
et comme il y en a maintenant de plus d'une espèce,
il importe aussi d'ajouter qu'il semblerait pouvoir être
classé parmi ceux qui suivent la bannière de Descartes
et de Platon, car il en invoque particulièrement les
noms.

Cela bien entendu, M. Pierron, défendant l'Ecole normale, dont je tiens l'institution comme excellente en
principe, m'abandonne volontiers MM. Taine et About;
mais il me reproche *de l'avoir rendue responsable de
leurs doctrines, et d'en faire un pandémonium de philosophes.* Il établit que sur un millier d'élèves de cette
école *qui sont aujourd'hui sur leurs pieds,* soixante au
plus *peuvent être qualifiés de philosophes.* « Et ces philosophes, dit-il, c'est Cousin, le spiritualisme en personne; c'est Bautain, un des oracles de l'Eglise de
France; c'est Charma.... c'est Jules Simon.... c'est ce
Caro dont vous célébrez à juste titre le bon sens et
l'éloquence. Je connais presque tous les autres. Il n'y
en a pas un qui ne soit spiritualiste; tel est un chrétien
fervent, tel autre est presque un mystique. » Il ajoute
un peu plus loin : « Trois de mes camarades se sont
faits jésuites, un autre gouverne l'Assomption de Nis-
mes. » Je n'y fais pas la moindre objection ; mais voici
le revers de la médaille. M. Pierron compte au nombre des spiritualistes qui lui vont et qu'il admire le plus,
MM. Vacherot et Havet.

Les doctrines de M. Vacherot sont assez connues pour que je n'aie pas à les relever ici. Je ne puis que m'en référer à ce que j'en ai dit dans mon livre (1). Quant à M. Havet, je me permets de demander par quel artifice on viendrait à bout de concilier son prétendu spiritualisme avec la phrase suivante : « C'est le principe dominant de la vraie histoire et de toute vraie science, et sans lequel on peut dire qu'elle n'existe pas, que ce qui n'est pas dans la nature n'est rien et ne saurait être compté pour rien, si ce n'est pour une idée (2). » Cette phrase de M. Havet, bien conforme d'ailleurs à son spinosisme avoué (3), ne signifie-t elle pas clairement que l'âme ne serait qu'une *idée,* et Dieu, sans doute, également, par la même raison? M. Havet n'a pas, en effet, d'autre doctrine ; et si M. Pierron pouvait encore en douter, nous le renverrions à l'*Examen critique de la vie de Jésus* (4), par M. l'abbé Freppel, où nous lisons que l'*immortalité de l'âme* ne serait, selon M. Havet, *qu'un rêve ;* où nous lisons encore (5) que

----

(1) Franc-Gauloises, tome 1, page 154, tome 2, pages 193 et 194,

(2) *Revue des Deux Mondes,* livraison du 1er août 1863 : article de M. Havet sur la *Vie de Jésus,* de M. Renan.

(3) Franc-Gauloises — Tome 2, page 173.

(4) Treizième édition, page 127, avec renvoi au *Journal général de l'instruction publique,* du 9 septembre 1863. *Programme de philosophie,* etc., article 19.

(5) Même édition, page 129, avec renvoi à la *Revue des Deux Mondes,* article de M. Havet, déjà cité.

la science économique serait bien près, toujours selon
M. Havet, *d'être toute la religion d'aujourd'hui.* Cela
est-il assez clair? et que voudrait-on de plus ?

Si tous les spiritualistes de l'Ecole normale en étaient
là, je ne vois pas bien ce que M. Pierron pourrait y
trouver de favorable à la thèse qu'il soutient contre moi.
Ses protestations seraient, dans tous les cas, bien peu
rassurantes pour les familles ; et nous aimons à croire
que le mal n'est pas aussi grand qu'il le donne à penser,
bien qu'il le soit déjà beaucoup trop. Soit dit non-seu-
lement pour la plupart des anciens élèves de l'Ecole
normale classés par M. Pierron, comme philosophes,
au nombre des *soixante,* mais encore pour les *neuf cent
quarante* autres qui se partagent les sciences et les lettres, et que le spiritualisme de M. Havet peut avoir
aussi bien gagnés que M. Pierron lui-même.

Passons maintenant de l'Ecole normale au Collége de
France, à la suite de M. Pierron qui va continuer de
nous instruire. Nous retrouvons encore ici M. Havet,
qui, selon M. Pierron, *n'y enseigne que la littérature
latine,* ce qui ne l'empêche pas de réhabiliter le spinosisme dans ses livres à l'usage des étudiants. Nous y
avions M. Renan, qui, sous prétexte d'hébreu, s'atta-
quait à la religion même de notre pays. M. Pierron
signale comme déistes MM. Lévèque, Baudrillart et
Maury Je n'ai pas l'honneur de les connaître assez pour

en parler. Quant à M. Franck, on ne saurait trop louer le zèle qu'il a montré pour la défense des saines doctrines sociales; mais il est moins écouté que ne l'était M. Renan, dont l'idéalisme brumeux, pour ne pas dire le panthéisme, est en faveur dans tous les coins du monde universitaire.

Arrivons aux savants proprement dits. M. Pierron n'en répond pas du tout. « Je connais, dit il, le collège de France; j'ai assisté depuis trente ans aux cours, et je n'y ai jamais rien entendu qui sentît, même de loin, l'infection que vous signalez. » (C'est-à dire l'athéisme.) « Il est vrai, continue M. Pierron, que je ne garantis point ce qui se passe dans les salles où l'on disserte calcul intégral, hiéroglyphes, ou tartare mandchou. Mais je suppose que votre accusation ne porte point sur les savants en x, en *os*, en *us* et autres terminaisons. » — Pourquoi pas, puisque M. Renan tire si bon parti de la terminaison *eu*, c'est-à-dire de son hébreu, qui n'est pas celui de tout le monde?... Mais laissons aller M. Pierron.

« Si l'école polytechnique, dit-il, a fourni tant d'utopistes et de révolutionnaires, c'est l'ignorance qui en est cause. Voyez quelle éducation reçoivent les candidats. Il n'en est pas un sur dix qui ait fait ses humanités. Il n'y en a pas un sur cent qui ait fait sa philosophie. La logique féroce des x n'a ni obstacle, ni contre-poids dans ces têtes mal préparées : si elles pensent, elles pensent tout droit, c'est-à-dire d'une façon détestable, sans souci des *si*, des *car* et des *mais* qui remplissent le monde des idées morales. Il n'y a pas un livre de polytechnicien philosophe qui ne fasse hausser les épaules. Jean Reynaud lui-même n'est pas pour me démentir. »

Humilions-nous : je ne me serais pas permis d'aller si loin ; mais s'il en est ainsi, ce que je n'oserais contester devant M. Pierron, plus voisin que moi des salles où l'on fait des x, il est évident que nous n'avons plus qu'à choisir entre le matérialisme des x et le spiritualisme de M. Havet. — Que nous proposez-vous ? va s'écrier plus d'un de nos lecteurs ; il n'y a pas de choix à faire entre deux partis qui reviennent au même. — Allons, rasseyez-vous, prenez mieux les choses ; on voit bien que vous n'êtes pas de votre temps : ne savez-vous pas que *la forme est tout ?* Je tiens cela d'un homme qui vise à l'Académie. Excellente maxime à l'usage de nos *raffinés !* Voulez-vous que je vous la traduise en style bourgeois? *Tout pour l'enseigne :* il n'y a plus aujourd'hui d'autre *esprit nouveau.* Sachez-le bien, et ne l'oubliez pas.

M. Pierron, qui ne l'entend pas ainsi, dans sa candeur, et qui veut absolument nous sauver des x, nous convie donc à l'enseigne de M. Havet, *qui a fait ses humanités.* Ce ne sont ni M. Renan, ni M. Littré, encore moins M. Havet, qui auraient fait fondre sur nous

les fléaux de l'école critique et du congrès de Liége :
il ne faut s'en prendre qu'à M. Fortoul et à *sa bifurcation.*

La bifurcation n'était pas de mon goût; mais je ne
l'aurais pas crue si fatale, et l'idée ne me serait jamais
venue de mettre le congrès de Liége à son compte.
Ecoutons ici M. Pierron, qui s'en étonne et veut bien
prendre la peine de me redresser là dessus.

« Le congrès de Liége, dit-il, a fait déraisonner
beaucoup de gens et vous a fait dire à vous-même des
choses que j'ai dû contredire. C'est bien à tort que les
conservateurs, ou soi-disant tels, s'étonnent des énor-
mités philosophiques et politiques débitées là-bas.
Comment veulent-ils que cette jeunesse ne soit pas in-
festée des mauvaises doctrines, ayant été élevée dans
l'ignorance absolue des bonnes? On lui a appris le ca-
téchisme, il est vrai; mais qu'a-t-on fait pour les mettre en garde contre les sophistes ? Dès que la foi naïve
de l'enfance chancelle, l'écolier devient presque incon-
tinent la proie des athées et des révolutionnaires. » —
On ne saurait mieux dire. *Athées, révolutionnaires,
sophistes,* il y en a donc à l'affût des jeunes gens? Quels
sont-ils? Est-ce que je ne les ai pas nommés? M. Pierron nous aide.

« En 1850, dit il encore, on a supprimé le certificat
qui consacrait les études philosophiques. En 1852, on
a supprimé l'agrégation de philosophie et l'agréga-

tion d'histoire, et réduit à rien, ou peu s'en faut, ce qui restait des deux enseignements qui sont la base des sciences morales. » — Observons qu'à cette époque l'histoire était révolutionnaire, et la philosophie panthéiste. Est ce M. Pierron qui le nierait ? — Peut être. — On voit pourtant que la question pourrait l'embarrasser. Ne l'interrompons plus.

« On a honni les belles-lettres et détruit les humanités. On a bourré les enfants de matérialités de toute sorte. La bifurcation se vantait de réduire tout à la pratique et au positif. Lâchez ces savants en poids et mesures, c'est à-dire ces ignares, étrangers à toutes les connaissances libérales, et la France pullulera d'hommes extravagants. Le congrès de Liége est le produit naturel des œuvres pédagogiques de 1850 et 1852. » — Soit ! Ajoutons seulement que la pédagogie n'avait pas attendu la bifurcation. Nous n'avons rien de plus à chercher. Nos appréciations sont pleinement confirmées, grâce à l'appoint qui nous est donné par notre honorable contradicteur. Il est d'ailleurs évident que nous devons ce concours inattendu bien plutôt à sa franchise et à son honnêteté qu'à toute autre raison valable.

Il ne nous reste plus qu'à suivre M. Pierron dans son plaidoyer en faveur de l'Institut, qui a été à la veille d'honorer l'athéisme et le socialisme dans la personne de M. Littré, de M. Taine et de madame Sand.

M. Pierron se permettant d'avoir un avis là-dessus, avis même contraire à celui de la majorité qui s'est produite au sein de ce corps éminent, je ne suppose pas qu'il entendrait me contester le même droit. Je ne l'ai pas d'ailleurs exercé légèrement. J'étais, au contraire, d'autant plus fondé à en user que mes remarques sur le congrès de Liége étaient étroitement liées au sujet même de mon livre, à la défense des grandes vérités morales et du dictionnaire de notre langue dont l'Académie française a le dépôt.

Croit-on que, même sous prétexte de concours à ce dictionnaire, il soit permis de faire bon marché des principes et de les sacrifier à des questions de forme ou de style? Je ne l'ai pas pensé, je ne le pense pas encore aujourd'hui, malgré tout mon respect pour les hommes que M. Pierron m'oppose, et dont il invoque l'autorité contre moi.

Je ne me croirais tenu à aucune autre explication si M. Pierron ne m'avait reproché d'avoir supposé à tort que les dictionnaires de M. Littré fussent infestés d'athéisme (1). J'ai pu le dire, en effet, *de visu*, avec une entière certitude, de son dictionnaire de médecine à l'usage des étudiants. C'est un fait que M. Pierron lui-même n'essaye pas de contester. « Je vous aban-

______

(1) M. Pierron fait ici allusion à un passage de mon livre, tome I, page 246.

donne, dit-il, M. Littré philosophe. Je n'ai aucune mission non plus pour défendre le physiologiste ; mais j'ai ouï dire que presque tous les péchés dont on le charge étaient de son collaborateur, M Charles Robin. »
— Presque !... Il y en aurait donc à son compte au moins quelques-uns ? Pourquoi pas tous ? Il faudrait, pour en douter un seul instant, n'avoir absolument rien lu des œuvres de M. Littré. L'athéisme en découle à pleins bords et à chaque mot. Notez bien que je ne lui en fais pas la guerre. On est ce qu'on veut ou ce qu'on peut ; mais on doit savoir porter fièrement les opinions qu'on a, c'est à dire son drapeau, qu'il n'est pas beau de mettre dans sa poche en essayant de se faire passer pour un saint. Si on est athée, qu'on le dise, et je passerai mon chemin très tranquillement. Je n'aurais jamais songé le moins du monde à m'occuper de M. Littré, dont le caractère honorable et la haute érudition sont hors de cause ici, ni de M. Renan, s'ils avaient avoué franchement leurs doctrines ; et mon livre n'a pas d'autre signification contre eux. C'est le vrai dictionnaire que je leur ai opposé, notre trésor à tous, et dont la défense importe le plus à tout le monde.

J'entends dire partout que les principes fondamentaux de la société n'ont paru dans aucun temps plus ébranlés que du nôtre. A quoi peut tenir cet ébranlement si profond, si ce n'est d'abord aux fausses mesures et aux faux poids si habilement mis en circulation par l'esprit sophistique et révolutionnaire, et auxquels tant d'honnêtes gens se laissent prendre, y compris M. Pierron, qui serait bien ébahi, quoique poussant à la roue, si le socialisme de M. Littré venait à triompher.

L'Académie française est responsable de ses choix devant l'opinion ; mais elle agit dans sa liberté pleine et entière. Elle a usé de son droit contre M. Littré ; je crois même qu'elle a fait son devoir. Elle a probablement pensé que, se recrutant elle-même, il était de la plus haute importance de ne pas ébrécher sa majorité, déjà si faible et si menacée, au profit d'un des adversaires les plus déclarés de tous les grands intérêts qu'elle représente et qu'elle défend si utilement, quoi qu'en dise M. About, depuis sa fondation.

M. Pierron nous dit que l'Académie *avait besoin d'un lexicographe effectif,* et que la Commission de son dictionnaire aurait trouvé dans M. Littré *un membre utile et actif.*

Il est évident que le travail de l'Académie et celui de M. Littré ne pouvaient marcher de pair, et qu'aucune fusion n'était admissible entre les deux dictionnaires, sur les points importants de la langue philosophique, autrement que dans les conditions d'un accouplement bâtard. Un tel compromis ne pouvait être accepté dignement ni d'un côté ni de l'autre, et M. Pierron lui-même *félicite* M. Littré *d'avoir été laissé à ses travaux.* Les convenances et la vérité sont là. Que M. Littré achève *seul* sa grande et laborieuse entreprise ; et si son dictionnaire est bon, dans certaines parties, comme je le crois sincèrement, rien n'empêchera que chacun puisse en profiter plus ou moins largement, même l'Académie, pour son dictionnaire propre, et tout sera pour le mieux.

Quant à madame Sand et à M. Taine, qui ont acquis l'un et l'autre un rang si distingué parmi les meilleurs écrivains de notre temps, qu'ils produisent des ouvrages où la morale soit sauve et dont le sens commun n'ait pas trop à souffrir ; et l'Académie pourra les distinguer. Mais que, sous prétexte de style, je le répète, on fasse couronner l'œuvre entière de madame Sand, où tous les fondements de la morale sont audacieusement sapés ; qu'on propose de décerner le prix Bordin à un livre de M. Taine établi, en histoire, sur un défi ridicule au bon sens, et fondé, en morale, sur ce principe que *le vice et la vertu sont des produits comme le vitriol et le sucre,* il est évident que l'Académie ne pouvait céder à de semblables courants sans abdiquer. Notre esprit public est, à la vérité, déjà tellement abâtardi que la chose aurait pu passer comme tant d'autres ; mais s'il avait dû en être ainsi, mon observation n'en aurait été que plus nécessaire et mieux motivée.

La quatrième lettre de M. Pierron, portant sur des

matières historico politiques, à peine effleurées, je ne le suivrai pas dans sa course a travers champs. Je crois d'ailleurs avoir assez dit ce que je voulais dire en histoire politique, au point de vue des grands enseignements qui doivent en résulter pour nous (1). Je pourrais donc en rester là devant M. Pierron; mais je reprends sa troisième lettre, et j'y vois des choses que je ne puis laisser passer.

« Vous acceptez, dit-il, comme articles de foi les paradoxes de Joseph de Maistre. »

Je n'ai parlé qu'une seule fois de Joseph de Maistre (2), et ce que j'en ai dit ou fait entendre en quelques lignes, impliquerait plutôt le contraire. Il paraît que M. Pierron ne m'a pas bien lu.

« Vous citez comme autorités, dit encore M. Pierron, des écrivains dont la valeur scientifique est nulle, n'étant que des polémistes de secte : Veuillot, Nettement, Auguste Nicolas, Pontmartin... Vous admirez M. Guizot, vous en faites presque un dieu. » — Permettez, monsieur Pierron !

Je n'ai cherché dans aucun de ces écrivains l'homme de parti, ce même homme que je vois poindre ici en vous, et qui n'est pas étranger, sans doute, au jugement

---

(1) Franc-Gauloises. *Moralités historiques,* tome 1, pages 93-154.

(2)   *Idem.*   Tome II, pages 160 et suivante.

— 92 —

que vous en portez. La justice vous commandait avant
tout de dire en quoi j'aurais failli sur le terrain de mon
accord avec eux dans tel ou tel autre cas bien précisé ;
vous ne l'avez pas fait, vous avez mieux aimé les con-
damner en bloc, et moi - même avec eux. Je ne
suis pas un brûleur d'encens, mais je me reproche-
rais de ne pas avoir rendu à ces hommes, comme à
d'autres également cités, le témoignage que je leur
dois, pour l'instruction que j'ai tirée de leurs écrits.
Mes éloges, dont ils n'ont pas besoin, ne sont qu'un
remerciement. Regardez y mieux ; je ne les ai pas
flattés, Dieu m'en garde ; et M. Guizot serait certainement le premier à m'accuser de mauvais goût, si
j'avais parlé de lui dans les termes que vous m'im-
putez (1).

Des polémistes de secte !... Est ce que vous n'êtes
pas vous-même un polémiste d'*esprit de corps,* en
exaltant l'Ecole normale et plusieurs de ceux qui en
sont sortis, dans des termes que je dois épargner à
leur pudeur ? *C'est un fils qui défend sa mère,* dites-
vous ; *je l'aime comme une mère.* etc. Vous appelez à
votre aide M. l'abbé Bautain qui, pour y avoir été élevé, ne doutait pas qu'elle ne fût *la première du monde,*

______

(1) La table des *noms cités* qui suit les Franc-Gauloises mettra
mes lecteurs à même de se reporter aux parties de mon livre où
j'ai rencontré ces écrivains dans l'ordre des questions que je trai-
tais.

et vous relevez cette parole avec un raffinement de camaraderie qui n'est pas commun. Bien; mais vous me forcez de dire que la tendresse filiale peut être aveugle? Avez-vous deux poids et deux mesures; et de ce que vous avez rencontré M. Havet à l'Ecole normale, est ce une raison pour vous de ménager en lui les mêmes doctrines que vous condamnez dans Cabanis et dans Broussais?

Les périls de la société sont grands. Ce n'est pas le moment, pour les hommes qui sont d'accord entre eux sur les grands principes philosophiques et sociaux, d'insister sur les questions de détail ou d'application qui peuvent les diviser. Telle est exactement ma situation vis-à-vis de ces hommes honorables dont vous me reprochez d'avoir invoqué l'autorité. Je me serais reproché, au contraire, de ne l'avoir pas fait, quand l'occasion s'en est présentée pour moi. Je les respecte d'ailleurs assez pour m'être fait un devoir aussi de ne les citer que dans les termes de notre accord, et de ne pas redresser contre eux mes dissentiments, sans nécessité. S'ils ont lu mon livre, ils pourront les y démêler eux-mêmes, à votre défaut, puisque vous ne les avez pas aperçus. D'autres les verront bien qui aimeront mieux, *prudemment,* ne pas les remarquer. L'eau trouble est si bonne, et l'impartialité coûte si cher! On connaît cela : passons.

Ce que j'ai dit de Marc-Aurèle a éveillé vos susceptibilités de traducteur(1); mais je le maintiens très fermement. Je le maintiens contre François Barberini lui-même, que vous m'opposez comme cardinal, et tout *neveu d'un pape* qu'il ait été (2), ce brave cardinal avait probablement besoin de voir un dévot dans Marc Aurèle, *ad majorem Dei gloriam* ; et nous ne pouvons que lui en savoir gré. Soit dit comme hommage à la morale élevée des stoïciens (3); suprême effort du paganisme aux abois, devant les ruines et la corruption qui en étaient la conséquence nécessaire, effort impuissant qu'un autre empereur (4) a payé de sa vie, dans sa lutte orgueilleuse et désespérée contre le Galiléen.

Vous me renvoyez à Kant, en me reprochant de sembler le confondre avec Hégel, et *de les rapprocher* l'un de l'autre *indifféremment*. Le grief est léger. Je n'y ai même donné lieu qu'en vers :

Arrière Hégéliens remués du Kantisme !

Et ma conscience n'en est point chargée. Kant avait besoin de croire en Dieu, *malgré sa raison pure*. Il y

---

(1) FRANC-GAULOISES. Tome 1, page 229.

(2) M. Renan a eu raison de dire que toutes les croyances, même le *déisme*, n'étaient pour Marc-Aurèle que des *hypothèses*. (*Journal des Débats*, du 8 juillet 1866).

(3) Cette morale était élevée, sans doute ; mais elle n'a guère été pratiquée que par Epictète; elle n'a été, pour la plupart des autres stoïciens, qu'une manière de se draper devant la foule et de s'en faire distinguer.

(4) L'empereur Julien.

croyait *quoique,* comme aurait dit M. Dupin si la cause avait été plaidée devant lui. Je l'accorde sans peine, et je pense, comme vous, qu'il ne doit pas être confondu avec les suppôts du panthéisme allemand. Je sais qu'il a essayé de relever d'une main ce qu'il avait ébranlé de l'autre, en reconnaissant que, si la raison *pouvait* nous éloigner de Dieu, le sentiment *devait* nous y ramener. Mais on ne lui en tient pas grand compte; et ce que vous ne savez peut-être pas assez pour comprendre mon allusion, c'est qu'on a la prétention d'en faire aujourd'hui l'un des plus grands saints du rationalisme, et je crois même du positivisme. Allez voir M. Littré qui vous en dira quelque chose; et peut être trouverez-vous, comme moi, qu'il est plus sage de ne pas laisser sa laine à de pareils buissons.

Octobre 1866.

Moralités de circonstance.

—

L'impartialité dont je me suis fait une loi sévère et qui a été la règle de toute ma vie, m'a valu de nombreuses adhésions parmi les honnêtes gens de toutes les opinions ; mais elle a singulièrement dérangé les habitudes d'esprit de ceux qui ne s'étant jamais interrogé, ni même seulement tâté, continuent machinalement leur éducation dans la presse du jour, après avoir, en dociles nourrissons, *sucé*, comme on dit, *le lait de l'Université*. De là, certaines préventions qui peuvent se dissiper peu à peu chez les hommes *de bonne volonté*, pour faire place à la réflexion, jamais chez ceux qui ont un intérêt quelconque à ne pas entendre et qui trouvent leur compte aux spéculations de notre temps, meneurs ou complaisants, nouveaux *Scribes et Pharisiens*, qui exploitent le peuple et lui font encore aujourd'hui crier : Crucifige !

M. Pierron n'est pas dans ce cas là. Les préjugés d'école ont effleuré son esprit ; mais ses vives protestations contre le matérialisme de nos jours et d'heureuses contradictions nous font voir assez qu'il est resté dans les voies du spiritualisme et qu'il a gardé sa liberté. Il n'appartient, ni au positivisme, ni à la secte de ces *raffinés* qui, sous le drapeau de MM. Renan, Taine et Schérer, ont entrepris de nous gâter la langue; et c'est ici que j'aime à rencontrer en lui le disciple fidèle aux saines traditions de l'université qui, Dieu merci, ne sont pas tout à fait perdues. C'est notre langue, en effet, que je défends avec lui contre ses falsificateurs les plus dangereux, bien que peut être un peu malgré lui vis à-vis de quelques-uns d'entr'eux ; mais il me le pardonnera, je pense, en y regardant de plus près.

Je ne demande pas, bien entendu, la même grâce à l'école critique, après avoir, ainsi que je l'ai fait, commis l'indiscrétion de la dépouiller de tous ses voiles et de mettre à nu la parfaite inanité de sa logomachie.

Les langues sont une loi de Dieu dont la violation porte malheur, et l'école critique s'en aperçoit. Son embarras, devant les nombreux inventaires qu'elle a déjà subis, n'est que trop manifeste, et je savais d'avance, pour avoir étudié à fond ses écrivains, que la logique lui ferait entièrement défaut pour en sortir à son honneur, et qu'elle n'oserait même pas l'essayer.

Ma critique a été sérieuse et honnête ; elle touchait aux questions les plus graves de toutes celles qui intéressent l'humanité, c'est-à-dire au Verbe lui-même, ou en d'autres termes, au dictionnaire dont nous vivons

7

et qui est le pain de notre esprit. Comment pouvoir espérer que ceux qui le profanent systématiquement chercheraient, contre l'impossible, à s'en défendre, ou se résigneraient à l'avouer ? Ce serait vraiment trop demander.

« Si je vous ai bien compris, me disait à cet égard un habitué des coulisses de la presse, un vieux praticien qui avait parcouru mon livre avec une certaine curiosité : ce que vous attaquez surtout dans l'école critique, c'est le *raffinement* qu'elle a pris pour enseigne, espèce de *préciosité* nouvelle, établie sur le mépris déclaré du peuple et du sens commun, c'est le vague étudié de son style et de ses doctrines énervantes, et vous donnez même à penser que, si elle avait professé carrément son matérialisme en bon français, vous l'auriez laissée s'y perdre. — A peu près. Vous avez pu voir, en effet, que je me suis borné, pour ainsi dire, à citer MM. Moleschott et Buchner et que, si j'ai dit quelques mots de Proudhon, c'était surtout pour en opposer la franchise au tortillage de l'école. — Permettez-moi de vous trouver naïf et, si j'ose le dire, un peu trop provincial. L'école critique a fait de la musique de chambre au diapason voulu chez MM. Buloz et Bertin qui avaient besoin de faire passer la chose en bon lieu, c'est-à-dire dans les salons du monde officiel et dans la langue des professeurs de l'université qui, avant de monter dans leur chaire, avaient dû se faire voir, en public, à la messe du Saint Esprit. Vous ne paraissez pas comprendre toutes ces difficultés; vous n'avez pas, je le vois, cultivé *la raison d'art*, et vous n'admirez pas assez l'habileté d'*artiste incomparable* (1) avec laquelle M. Renan, si bien venu d'abord, avec sa *Vie de Jésus*, chez les habitués du Collége de France, a pénétré ensuite si facilement jusque dans les mansardes du peuple et même des couturières auxquelles il a pu dédier son Christ *en marbre blanc*, si à propos corrigé et diminué, qui a fait pâmer M. Bertin (2). Vous avez le tort d'aller tout droit : voilà ce que je vous reproche, et j'ai grande peur, entre nous, qu'on ne cherche à vous faire passer pour un *ennemi du progrès*, peut-être même pour un *clérical*, et vous seriez perdu. — C'est ce qu'on m'a déjà dit. — Pas assez, pas assez : l'école critique aura contre vous cette satisfaction. Vous riez de sa musique de chambre et vous avez raison ; mais cette musique a mis toutes les oreilles à l'envers ; elle nous a conduits par la ruine de toute logique à celle de toute morale ; et voilà comment MM Moleschott et Buchner ont si beau jeu pour nous donner après elle de la musique de rue. Comprenez vous maintenant ? — Trop bien ; mais convenez aussi que l'école critique en est morte. — Parfaitement : je dois même ajouter qu'elle n'a pas fait une

---

(1) Qualification donnée par M. Renan à Jésus-Christ.

(2). Franc-Gauloises, tome r, page 177.

belle mort, et que ses héritiers, non contents de s'en moquer, vont jusqu'à l'accuser de *jésuitisme* (3), et n'en portent pas même le deuil. Allez en paix, voyez mieux les choses, et laissez passer les *bâtons flottants*. — J'y penserai : merci.

Février 1868.

(La suite ultérieurement.)

---

(3) FRANC-GAULOISES, pages 172 et 176. — *Complément néces-saire*, page 48.

Monsieur,

Le discours de M. Sainte-Beuve au Sénat me détermine à reprendre aujourd'hui, pour un moment, mes lettres interrompues. Nous en étions, vous le savez, *aux philosophes,* et l'occasion est bonne pour moi de vous adresser quelques premiers mots de ce que j'aurai à vous en dire.

Votre tout dévoué,
ATHANASE RENARD.

Bourbonne, 23 mai 1868.

Le Diocèse de M. Sainte-Beuve.

—

Le grand côté par lequel les femmes sont restées généralement supérieures aux hommes, et le peuple aux *raffinés* de nos grandes écoles, aujourd'hui perdus dans les nuées du *dédain transcendant*, c'est celui qui les tient plus près de Dieu, celui que Jésus-Christ lui-même a voulu nous faire toucher du doigt dans sa parabole du Pharisien et du Publicain, et qui s'est traduit pour nous Français, avec un si grand éclat, dans la personne de Jeanne d'Arc, à la fois femme et peuple, élue de Dieu, messie de notre rédemption nationale, ne sachant ni A ni B, mais confondant les docteurs de son temps.

Nous retrouvons encore aujourd'hui, dans la parabole du Christ, une parfaite image des deux grands courants de l'humanité : contraste éternel entre ces esprits vains que Jésus-Christ maudissait sous le nom de *Scribes et Pharisiens* et ceux qu'il appelait à lui et reconnaissait pour les siens, c'est-à-dire les hommes *de bonne volonté*, les *humbles de cœur* et jusqu'aux *petits enfants*. Jetons les yeux autour de nous : la parole de Jésus-Christ n'a pas cessé d'être vraie. D'un côté, comme je l'ai dit ailleurs (1) : l'humanité tout entière, inclinée à l'obéissance, à l'ordre, à l'union, qui protégent le travail de chaque jour, et de l'autre quelques sophistes à l'affût de ses faiblesses, agitateurs sans fin, qui la troublent dans ses besoins les plus chers et ses aspirations les plus hautes.

Voltaire, par exemple, aussi dédaigneux du nom de son père et de la ville qui se glorifie de l'avoir vu naître que de son pays tout entier (nous voyons en effet qu'il a passé toute sa vie à les renier et à s'en moquer), réduisait l'espèce humaine à quelques milliers d'individus dignes d'être comptés. C'étaient ceux qui pouvaient servir de cortége à sa gloire : à côté de ceux-là, rien. Le peuple, en particulier, n'était à ses yeux qu'un vil troupeau : non pas cependant que ce troupeau lui parût inutile, au contraire, il y tenait beaucoup, mais à la condition *qu'il ne fût pas instruit* (2), car, en sa qualité de *seigneur* de Ferney, il avait besoin de *paysans* et même d'une église où il daignait leur apparaître de temps en temps. M. Renan, de son côté, veut bien aussi que *la légende,* c'est-à-dire à ses yeux, la religion, *ne soit pas bannie* pour le peuple, et nous déclare au surplus, sans façon, *que l'humanité, dans son ensemble, offre un assemblage d'être bas, égoïstes, supérieurs*

---

(1). Franc-Gauloises, tome ii, page 107.

(2) *Idem,* page 128.

à l'animal en cela seul que leur égoïsme est plus réfléchi. Les voilà bien ces beaux esprits, glorifiés plus que jamais par la presse démocratique !... Et chose bien digne d'attention, c'est que, pour en venir à ce mépris de l'humanité, ils ont dû commencer par se déclarer les ennemis de Jésus. Prenez, en effet, tous ces prétendus démocrates et tous ces beaux esprits, contempteurs du peuple et ses flatteurs au besoin, vous les trouverez tous attachés sans trève et par tous les moyens possibles, à la ruine du christianisme.

Il en est qui le font franchement ; mais M. Renan ne l'entend pas ainsi, puisque, tout en affectant je ne sais quelle pitié pour la religion du peuple, il ne dédaigne pas de lui dédier certaine édition dite *populaire* d'un livre où il en ruine sournoisement les bases. Insolente contradiction, toute pharisaïque, et dans les termes de laquelle il n'y a pas de conciliation possible entre la logique et la bonne foi !

M. Renan qui se met ici à la queue de Voltaire et qui cherche, par un détour, à prendre la tête, essaie de nous faire croire qu'il y apporte *une méthode meilleure* (1): ceci ne vaut pas la peine d'être discuté; mais l'esprit fait pardonner bien des choses, en France, et Voltaire avait au moins ce que M. Renan n'a pas, je

____

(1) Franc-Gauloises, pages 47-48.

veux dire les grâces qui font passer bien des impertinences.

Et ces impertinences ont-elles au moins pour nous
l'intérêt de la surprise et de la nouveauté ? Non : c'est
une défroque du paganisme. *Odi profanum vulgus et
arceo,* disait Horace, autre bel esprit, très-commode en
morale, espèce de philosophe et poète épicurien. Philosophe, en effet, comme tous les spéculateurs et lettrés
de notre temps, qui ont abjuré l'esprit chrétien. Le
paganisme est rentré, plus vivant que jamais, dans notre société, par cette vieille porte de la peur et du mépris, toujours ouverte, et sur laquelle il avait écrit: *Pa-
nem et circenses.*

Il n'y a pas ici de négation possible, et je tiens pour
évident que, le christianisme ôté, nous en sommes encore aux expédiens de la sagesse païenne et condamnés
à tourner sans fin dans le cercle vicieux des extermina-
tions, jusqu'aux derniers dégrés du règne de la force et
de l'abrutissement des âmes.

Comment ont fini les républiques grecques et particulièrement celle d'Athènes qui était la plus lettrée ?
par le règne des sophistes qui ont ouvert la porte à la
plus sauvage de ces républiques, celle de Sparte, en-
gloutie bientôt elle-même dans l'empire d'Alexandre; et
la république romaine par le règne des Césars et par le
démembrement de sa domination qui, sous le nom de
Bas Empire, a disparu enfin du monde, affaissée sur

elle-même, après avoir subi lentement toutes les ago-
nies de sa pourriture.

Il avait pu sembler que la sagesse païenne avait été
suffisamment mise à l'épreuve et que cette sagesse a-
vait fait son temps. M. Sainte-Beuve n'en est pas con-
vaincu. Nous voyons aujourd'hui même, en effet, qu'il
en est encore à la philosophie d'Horace et qu'il a besoin de s'en vanter (1). Que pensez-vous de cet accule-
ment ?

Monsieur Sainte-Beuve, qui est sénateur et qui
a dans son bagage VOLUPTÉ, n'aime pas qu'un cru-
cifié vienne le troubler dans ce qu'il appelle *son grand
diocèse aux limites indéfinies*, et particulièrement
dans la lecture d'Horace dont *la morale lui suffit*.
Rien de plus naturel, et je comprends sa mauvaise hu-
meur. Horace était bon convive, il a chanté Lydie, *in-
ter pocula*, comme Béranger devait chanter Lisette, et
pour peu qu'on ait trente mille livres de rente et une
chaise curule, il est de bon goût de prendre en pitié le
Christ et de se grandir aux dépens de ceux pour lesquels il est venu.

L'humanité serait-elle aussi méprisable, en effet, que
MM. Sainte-Beuve et Renan le donneraient à croire, et
serait-il vrai que le peuple ne fût pas même digne d'é-

---

(1) Séance du Sénat, du 19 mai 1868.

tre instruit, comme le prétendait Voltaire, ou que, selon nos démocrates autoritaires, il ne fût bon, tout au plus, comme le singe dont il descendrait, qu'à être *unifié*, c'est-à-dire automatisé, mis à la gamelle de l'enseignement forcé, façonné aux mêmes exercices, et définitivement parqué dans les étables du despotisme ou de la démagogie, sous le bâton de ses éleveurs et dompteurs, au besoin ?

Je ne suis présentement, notez-le bien, qu'un simple exposant de faits publics, irrécusables, et ce n'est pas M. Sainte-Beuve qui serait fondé à m'accuser ici d'exagération.

Les augures d'aujourd'hui qui, à l'exemple de leurs devanciers, continuent de se grimer beaucoup, sont très-d'accord, au fond, dans la poursuite des solutions voulues; mais les postures sont différentes, comme toujours, entre les concurrents de la faveur et du pouvoir. *Omnia serviliter pro dominatione,* disait Tacite, au temps des empereurs. Eternelle vérité dont l'application tend de plus en plus à se tourner des empereurs au peuple *devenu roi,* par la grâce du suffrage universel ; et c'est, en effet, devant lui, qu'il faut savoir sauter maintenant, comme au temps d'Aristophane, autre burineur, observateur et peintre fidèle des gambades accomplies sous ses yeux. Grandes leçons! Beau thème offert à l'émulation des hommes de collége, et qu'ils auraient pu développer ! L'ont-ils fait ? Non, car, en somme, il ne reste aux jeunes gens sortis de leurs mains que des impressions toutes contraires à l'esprit des institutions nées du christianisme. Nous en sommes donc toujours à l'admiration des poses qui ont réussi et de la force qui a triomphé, c'est-à-dire à l'adoration du succès, sous toutes les formes, en tout et partout.

C'est à cet abaissement des âmes et des esprits qu'on nous pousse en effet, de tous les côtés à la fois, comme nous le verrons, mais nous en sommes aux philosophes, tenons-nous y. *Beaux seigneurs*, disait Jeanne d'Arc aux Pharisiens de son temps qui cherchaient à l'embarrasser, *parlez l'un après l'autre :* elle avait raison. Le plus sûr moyen de voir clair est de ne rien mêler, ce qui pourra sembler nouveau depuis que la confusion des langues est en si grande faveur. *Tout se tient,* il est vrai : de là ce paradoxe à l'usage de nos sophistes et très en faveur aujourd'hui : que *tout est dans tout,* ce qui revient à dire, excellemment pour eux : que *rien n'est dans rien.* C'est tout ce que nous en pourrons tirer.

A. R.

Post Scriptum. — Ce qui sortira clairement de cet examen, c'est que la nouvelle philosophie n'a rien de français. Si M. Sainte-Beuve en représente le côté sensuel et païen, tous les autres systèmes en faveur ont une origine également étrangère, allemande surtout, qui se résume dans l'affirmation du néant et dans la négation de toute espèce de droit.

Les représentants de cette philosophie, héritiers peu reconnaissants de l'école critique, ont du moins la franchise et même l'effronterie de leurs doctrines anti-sociales et anti-françaises. Je n'aurai pas tant à les dévoiler qu'à les montrer, car ils ne cachent rien, si ce n'est, comme on vient de le voir au Sénat, dans les occasions difficiles et quand il est bon de se replier un moment.

Je devais les rencontrer nécessairement, puisque mon cadre embrasse tous les grands intérêts de la société et que leurs prétentions ne vont à rien moins qu'au renversement de nos traditions nationales.

Et se donneraient-ils ici plus d'importance qu'ils en en ont véritablement ? Non, si on se rend bien compte de leurs moyens d'action. Leur autorité, toute extrinsèque, explique ici leur audace. On sait, en effet, qu'ils ont le pied dans toutes les chaires de la science et dans tous les camps du journalisme militant, sous les enseignes déployées de la littérature et de la politique. Ainsi fortifiés dans des positions que la loi protége, ils ont juré de faire de nous tout ce qu'on peut imaginer au monde, excepté des Français ; mais c'est ici que les meilleurs moyens de résistance et de salut pourront venir encore une fois du fond même de la nation, je

veux dire du peuple auquel ils n'ont pu encore ôter le
sens national, et qu'ils ont déjà rencontré devant eux,
dans plus d'une grande occasion.

Ce que je tends à faire comprendre aussi, contraire-
ment aux prétentions de nos démocrates unitaires, espèce
de socialistes, et même à celles de l'école opposée qui
rêve encore maintenant certaines reconstructions du
passé dans la division du territoire et dans le régime de
la propriété, c'est que notre organisation politique, administrative et sociale, actuelle, œuvre du temps, peut
soutenir avantageusement toutes les comparaisons possibles, et que la France n'a rien à envier, sous ce rapport à aucun peuple.